Diana Richardson & Wendy Doeleman

Cooler Sex

Das Handbuch für ein richtig gutes Liebesleben

innenwelt verlag

Diana Richardson & Wendy Doeleman

Cooler Sex · Das Handbuch für ein richtig gutes Liebesleben

Titel der englischen Ausgabe: Cool Sex · Relaxed Love

www.innenwelt-verlag.de

ISBN 978-3-942502-44-3

4. Auflage 2022

Übersetzung	Pavitra Wolf
Lektorat	Ela Buchwald
Coverdesign & Layout	Kerstin Fiebig [ad department]
Illustrationen	Enrique Dura
Titelfotos	Marcel Berkelaar
Alle anderen	© ingimage.com
außer S. 37, S. 133	© photocase
und S. 43, S. 114	@ fotolia
Druck	Print Consult GmbH

FSC www.fsc.org MIX Papier | Fördert gute Waldnutzung FSC® C084279

Bibliografische Information der Deutschen Nationalbibliothek: Die Deutsche Nationalbibliothek verzeichnet diese Publikation in der Deutschen Nationalbibliografie; detaillierte bibliografische Daten sind im Internet über http://dnb.d-nb.de abrufbar.

Diana Richardson & Wendy Doeleman

Cooler Sex

Das Handbuch für ein richtig gutes Liebesleben

innenwelt verlag

Inhalt

Für wen ist dieses Buch?

Cooler Sex ist ein Buch für alle jungen Erwachsenen, die schon erste Erfahrungen mit Sex und Liebe gemacht haben und neugierig sind auf mehr. Es ist aber auch für alle interessant, die einfach ein paar Informationen möchten, bevor es mit dem Sex richtig losgeht.

Auf eine Reise gehen

Ein Buch über coolen Sex zu lesen, ist eine Sache, aber coolen Sex selber zu erfahren eine andere. Wenn du entdecken möchtest, worum es bei dieser Art von Sex geht, dann probier die Ideen und Übungen aus, die in diesem Buch vorgestellt werden. Einige von ihnen kannst du alleine machen, für andere brauchst du einen Partner.
Mit coolem Sex zu experimentieren ist ein Abenteuer, das nie aufhört und kein festes Ziel hat. Lass dich überraschen, was du dabei herausfindest und welche Erfahrungen du machen wirst!

Auch wenn ...

... wir in diesem Buch oft von Jungen und Mädchen sprechen, ist die Information die wir hier geben, auch für Menschen die sich nicht eindeutig einem Geschlecht zuordnen oder eine andere sexuelle Orientierung haben.

Es gibt inzwischen viele Begriffe, um eine bestimmet sexuelle Orientierung zu beschreiben: heterosexuell, homosexuell, schwul, lesbisch, bi-sexuell, queer oder asexuell. Aber viele Menschen sagen, dass diese Begriffe nicht wirklich ihr inneres Gefühl ansprechen. Letztendlich ist tantrischer Sex für jeden, weil jeder Mensch weibliche und männliche Energie in sich hat. Und jeder/jede ganz individuell mit diesen Energien spielen kann.

Kapitel 1

Was stimmt eigentlich?

Teste dein Wissen über Sex!

Sind folgende Aussagen deiner Meinung nach richtig oder falsch?

1. Um Sex zu haben, braucht der Mann einen Ständer (Erektion). R F
2. Die Klitoris ist für die weibliche Lust am wichtigsten. R F
3. Wenn Sex gut sein soll, muss der Mann die Erektion lange halten. R F
4. Wenn Sex in einer Beziehung nach einiger Zeit langweilig wird, braucht es mehr Stimulation. R F
5. Eine enge Vagina und ein großer Penis sind die besten Voraussetzungen für maximalen Spaß beim Sex. R F
6. Beim Vorspiel geht es darum, die Erregung immer mehr zu steigern. R F
7. Wenn der Mann einen Orgasmus hat, ejakuliert er. R F
8. Wenn Sex gut sein soll, muss man sich viel bewegen. R F
9. Wenn Sex gut sein soll, müssen beide einen Höhepunkt haben. R F
10. Um Sex zu haben, muss man erregt sein. R F

Was stimmt?

Wie oft hast du „richtig“ geantwortet? Wahrscheinlich oft, denn diese Aussagen werden von vielen für wahr gehalten. Aber in diesem Buch wirst du erfahren, dass man auch auf andere Art guten Sex haben kann. Diese andere Art nennen wir „coolen Sex“. Und aus der Perspektive des coolen Sex ist es gut, einige Aussagen noch mal ganz neu zu betrachten. Obwohl sich einige Infos über coolen Sex für viele neu anhören werden, gehen sie in Wirklichkeit auf ein Jahrtausende altes Wissen zurück.

Kapitel 2

Ist Sex heiß?

Sex ist heiß!?

Man braucht sich ja nur anzusehen, was in Videos, im Internet, auf der Straße, im Kino, in der Werbung, an der Bushaltestelle und in Magazinen dargestellt wird, oder? Überall begegnen uns halbnackte Körper, Frauen und Männer, die sich sexy in Pose werfen und das begleitet von zweideutigen Texten. Das ist natürlich nicht ohne Grund so. Für die meisten Menschen ist Sex aufregend, spannend, attraktiv, manchmal sogar im wahrsten Sinne des Wortes unwiderstehlich, und deswegen lässt sich mit Sex auch so manches Produkt gut verkaufen … denn es soll ja sexy machen.

Hot Sex

Viele Bilder und Texte, die uns begegnen, zeigen Sex, der heiß ist. Da gibt es Verführung, Stimulation, Erregung und Lust, ob mit oder ohne Geschlechtsverkehr. Fast jeder, der Sex gehabt hat, hatte heißen Sex. Dieser Sex steuert normalerweise konzentriert auf ein Ziel hin: Durch mehr und mehr Anspannung will man am Ende einen Orgasmus bekommen. Nach dieser Entladung ist die Erregung dann schnell wieder vorbei, und damit auch der Sex. Heißer Sex kann in einer liebevollen Atmosphäre stattfinden, aber auch ohne Liebe ablaufen, dann ist das Herz nicht wirklich dabei.

Die Kehrseite von heißem Sex

Heißer Sex ist für viele Menschen die Lieblingsbeschäftigung, wenn nicht in der Wirklichkeit, dann in Gedanken und Fantasien. Es zeigt sich jedoch, dass heißer Sex auch Nachteile hat.

Hier eine Liste mit Themen, die bei heißem Sex auftauchen können. Einige davon sind weit verbreitet, andere kommen nicht so häufig vor:

- Vorzeitiger Orgasmus/vorzeitige Ejakulation
- Kein Orgasmus oder Schwierigkeiten, einen Orgasmus zu bekommen
- Besessen von oder süchtig nach Sex und Masturbation sein, mit oder ohne Pornos
- Schmerzen beim Sex
- Wenn man in einer Beziehung ist: unterschiedliche Vorstellungen, wie oft man Sex haben will und unterschiedliche Erwartungen und Vorstellungen, wie der Sex sein soll
- Nach dem Orgasmus das Interesse am Partner verlieren
- Unterschiedlicher Meinung sein, wenn es darum geht, sich Pornos anzusehen oder „Sexspielzeuge" zu benutzen
- Wenn man immer stärkere Reize braucht, um erregt zu werden
- Wenn der Sex mit dem eigenen Partner einen nicht mehr erregt
- Schwierigkeiten, eine Erektion zu bekommen
- Wenn die Beziehung längere Zeit besteht und beide das Interesse am Sex verlieren
- Selbst wenn man Sex mag, keine Lust auf Sex zu haben
- Sexuelle Übergriffe oder sexuellen Missbrauch erlebt haben
- Zweifel welche sexuelle Orientierung man hat
- Sich in seinem Körper oder mit seinem Geschlecht nicht wohl fühlen

Einfach nur Sex?

Sex kann auf viele Arten stattfinden, ohne dass man in einer liebevollen Beziehung ist: Sex gegen Geld oder Drinks, in Darkrooms, mit ständig wechselnden Partnern, Telefonsex, Webcamsex …

- Findest du das gut?
- Hast du da Lust zu?
- Findest du, dass du alle Arten von Sex mögen solltest?
- Oder gibt es für dich Grenzen?

Schafft heißer Sex Nähe und Verbundenheit?

Neben der Liste oben gibt es beim heißen Sex einen weiteren Faktor, den man bedenken sollte. Viele Menschen haben heißen Sex mit jemandem, den sie mögen. Sie werden normalerweise annehmen, dass der Sex die Verbindung mit dem Partner stärkt. Unklar aber ist, ob heißer Sex, der immer auf ein Ziel ausgerichtet ist, wirklich eine Verbindung und ein Gefühl der Nähe schafft. Durch den starken Fokus auf die Genitalien und den Orgasmus, besonders in der letzten Phase des Sex, also kurz vor dem Höhepunkt, sind nämlich

beide Partner meist mehr mit sich selbst beschäftigt, als dass sie wirklich eine Verbindung miteinander haben und wirkliche Nähe miteinander erleben. Die meisten Menschen sind also kurz vor und während des Orgasmus ziemlich auf sich selbst fixiert. Es fühlt sich alles so intensiv an, dass da nicht mehr viel Aufmerksamkeit für den anderen übrig bleibt. Das zeigt sich teilweise auch darin, dass häufig die Augen dabei geschlossen sind.

Beim Orgasmus selber hast du vielleicht manchmal einen Moment, in dem du dich verbunden fühlst mit allem und mit allen. Dieses Gefühl von Einheit und Verbundenheit kann aber schnell wieder vorbeisein. Während des Orgasmus beim heißen Sex bekommst du vielleicht ein Gefühl von etwas, nach dem du dich sehnst, aber dieses Gefühl und diese Sehnsucht erfüllt sich nicht wirklich in der Tiefe und es hält auch nicht lange an.

Zwar ist es so, dass sich zwei Menschen während des Sex und danach glücklich, oder sogar selig und verbunden miteinander fühlen, aber es kommt auch vor, dass manche überhaupt keine Verbindung mehr miteinander spüren. Nicht jedem macht das etwas aus und nicht jeder bemerkt das unbedingt. Anderen fällt aber auf, dass sie ein bestimmtes Gefühl der Enttäuschung oder ein Getrenntsein spüren, während oder nach dem Sex – trotz Orgasmus. Und sie verstehen nicht, wie es zu diesem Gefühl kommen kann, wo man sich grad so nah war.

Fazit

Auf der einen Seite kann heißer Sex aufregend sein, Spaß machen und uns leidenschaftliche Momente bescheren, in denen wir intensive Lust haben, die wir genießen. Auf der anderen Seite kann man sich fragen, ob heißer Sex das Gefühl von Liebe und Nähe stärkt und eine bessere Verbindung zwischen den Partnern schafft. Denn genau danach haben die meisten von uns ja eine tiefe Sehnsucht. Im Folgenden kannst du über eine besondere Art, Sex zu haben, lesen: »Cool Sex«. Der unterscheidet sich in vielerlei Hinsicht von Hot Sex, ist aber in jedem Fall Sex, weil deine Genitalien dabei eine wichtige Rolle spielen!

Was sagt die Wissenschaft?

Die Wissenschaft kann uns über die Funktion der Hormone während des Sex aufklären. Zum Beispiel ist es so, dass heißer Sex und besonders der Orgasmus bekannt dafür ist, die Ausschüttung des Hormons Dopamin in unserem Körper anzukurbeln. Unter anderem spielt das Dopamin besonders am Anfang einer Beziehung, wenn die Leidenschaft stark ist, eine wichtige Rolle. Es ist ein Hormon, das uns einen riesen Kick gibt und auch süchtig machen kann.

Den Orgasmus, zu dem es beim heißen Sex kommt, nennen wir Gipfel-Orgasmus, denn die Erregung wird auf die Spitze getrieben, bevor es zur Entladung der Energie kommt. Nach einem Gipfel-Orgasmus sinkt der Dopaminpegel in unserem Körper rapide ab, und der Pegel eines anderen Hormons, des Prolaktins, steigt an. Das Prolaktin sorgt dafür, dass unser Interesse am Sex stark nachlässt. Ob dies das bekannte Absinken der Lust nach dem Orgasmus erklärt, ist noch nicht vollständig wissenschaftlich erforscht.

Auf jeden Fall ist es so, dass manche Männer oder Frauen nach einem Orgasmus schlecht drauf sind. Zum Beispiel ein bisschen traurig oder wütend, nicht mehr verbunden, sondern sich allein fühlen. Du sehnst dich nach mehr, obwohl es doch eben noch ganz toll war. Du fragst du dich: „War's das jetzt?", und deine Laune ist im Keller. Manchmal fühlst du dich direkt nach dem Sex so, manchmal auch erst viel später.

Es gibt noch ein weiteres Hormon, das im Zusammenhang mit Sex eine wichtige Rolle spielt, und das ist Oxytocin. Dieses Hormon hat weniger mit sexueller Anziehung zu tun als Dopamin. Es hat aber einen positiven Effekt, wenn es darum geht, eine Verbindung zwischen Menschen aufzubauen. Deswegen ist es auch als „Kuschelhormon" bekannt. Oxytocin stärkt das Gefühl, miteinander verbunden zu sein. Während Dopamin und Prolaktin beim heißen Sex vorherrschen, spielt das Oxytocin beim coolen Sex eine wichtige Rolle.

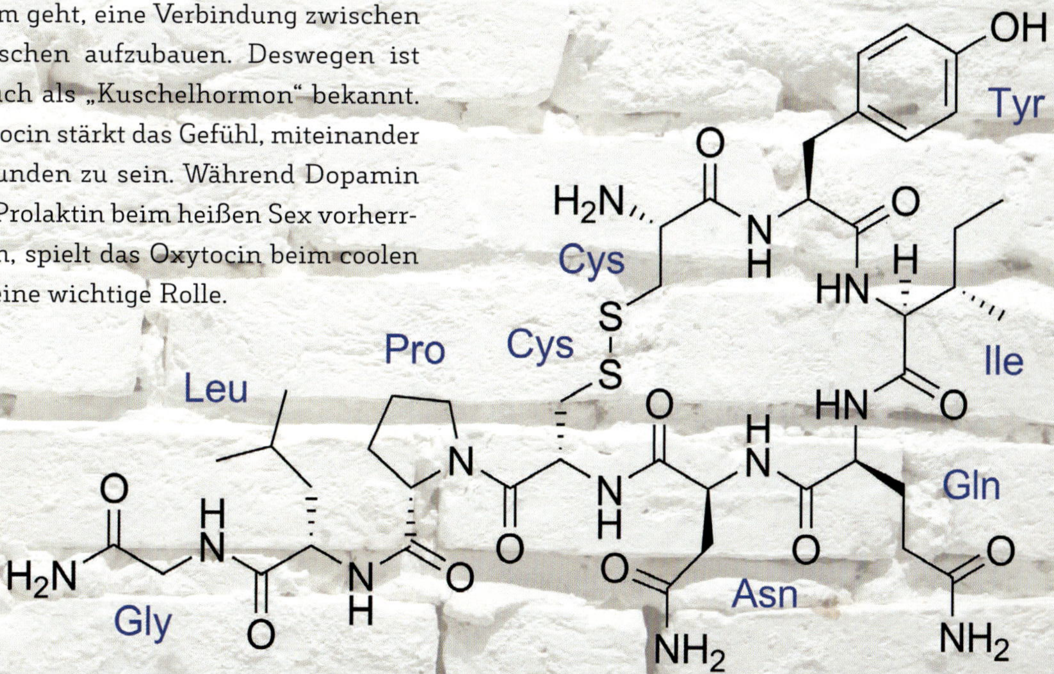

Kapitel 3

Was ist 'Cooler Sex'?

Woher kommt 'Cooler Sex'?

„Cooler Sex", so wir wie ihn in diesem Buch beschreiben, hat seine Wurzeln in alten indischen und asiatischen Weisheitslehren, die es schon seit tausenden von Jahren gibt. Diese Weisheiten haben gemeinsam, dass es darum geht, Aufmerksamkeit und Achtsamkeit in die eigenen Handlungen und das Spüren des Körpers zu bringen. Das heißt, sich bewusst zu sein, was man denkt, fühlt und tut – auch beim Sex. Außerdem erklären diese alten Lehren, wie sich die weibliche mit der männlichen Energie verbindet und sich unsere Genitalien gegenseitig anziehen können – fast wie Magie. Wenn zwei Menschen aufmerksam und achtsam Liebe machen und sich diese Kräfte miteinander verbinden, entsteht innerlich etwas Größeres – eine Einheit, in der die Lebensenergie fließen kann. Das heißt nicht, dass es nur

bei der Mann-Frau Konstellation geht. Das Aufeinandertreffen zweier unterschiedlicher Energien kann bei zwei Personen entstehen, die Liebe machen. Letztendlich ist es die Vereinigung der männlichen und weiblichen Energie in dir. Wir haben immer beide Energien in uns, wenn diese beiden miteinander spielen, dann wird man innerlich eins und die Lebensenergie kann wirklich fließen. Man kommt in einen Flow.
Diana Richardson, eine der Autorinnen dieses Buches, hat vor mehr als 20 Jahren angefangen, diese alten östlichen Lehren zu erforschen und daraus viele Erkenntnisse gewonnen, die hier in diesem Buch vorgestellt werden. *Wenn du mehr wissen möchtest, kannst du dazu am Ende dieses Buches Lesetipps finden.*

Cooler Sex – auf den Punkt gebracht

Beim coolen Sex sind Entspannung, Bewusstheit und Verbundenheit wichtig. Zunächst bedeutet das, beim Sex darauf zu achten, dass dein Körper entspannt ist. Deine Aufmerksamkeit liegt auf dem, was du jetzt, in diesem Augenblick fühlst und spürst, und wie du dich mit deinem Partner verbunden fühlst.
Diese Art von Sex ist auf die Verbindung ausgerichtet und nicht auf ein bestimmtes Ziel – was ja normalerweise immer der Orgasmus ist. Es geht darum, wie es sich jetzt anfühlt und nicht darum „Wie kann ich es jetzt noch toppen"? Die Körper sind beim coolen Sex langsam, weich, offen, sodass du alles, was in deinem Körper passiert, genau spürst und mitbekommst.

Vielleicht denkst du, wenn du das liest: **„Hmmm, Entspannung, Bewusstheit, nicht auf einen Orgasmus hinarbeiten, weniger Bewegung? Wie langweilig."** Wenn du anfängst, mit coolem Sex zu experimentieren, kann es dir auch wirklich mal „langweilig" vorkommen, gerade wenn du bisher superaktiven, heißen Sex gewohnt bist. Aber das Überraschende am coolen Sex ist, dass du so viele neue Erfahrungen machen kannst, dass dir dabei überhaupt nicht langweilig ist. Jedes Mal ist es spannend und anders und intensive, lange Orgasmen gehören auch dazu.

Über Entspannung

Sich zu entspannen bedeutet abzuschalten und ruhiger zu werden, sowohl im Kopf als auch im Körper. Das kann man auf viele Arten tun: indem man sich auf dem Sofa ausstreckt und fernsieht, im Bett bei Musik faulenzt, nach dem Training oder der Yogastunde abhängt, mit Freunden ausgeht oder einfach einen Spaziergang in der Natur macht.

Wenn wir von cooler Entspannung im Zusammenhang mit Sex sprechen, meinen wir damit aber nicht Teilnahmslosigkeit oder Schlaffheit, sondern eine Entspannung, bei der man voll da, präsent ist. Du bist mit deiner Aufmerksamkeit hier, in diesem Augenblick.

Cooler Sex selbst führt ganz natürlich zu tieferer Entspannung. Durch coolen Sex wirst du entdecken, dass es ganz viele Schichten von Entspannung gibt, von oberflächlicher bis hin zur Tiefenentspannung.

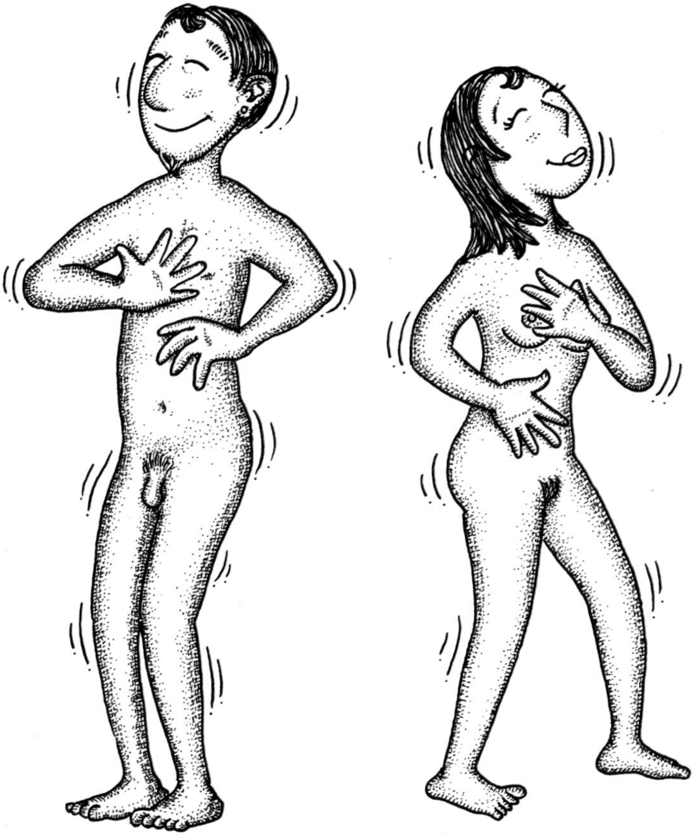

Der Energie im Körper nachspüren –
und sie nach innen und unten lenken, statt nach außen.

Zwei Phasen im Sex

Wir unterscheiden beim Sex zwei Phasen. Die meisten Menschen kennen nur die erste Phase und denken, dass diese erste Phase alles ist, was Sex zu bieten hat. In Wirklichkeit ist Sex jedoch viel mehr!

Wenn du dich sexuell von jemandem angezogen fühlst, werden bestimmte Regionen deines Gehirns stimuliert. Deine Sexhormone werden aktiv und bereiten deinen Körper darauf vor, Sex zu haben. Es entsteht ein Fluss von oben (Gehirn) nach unten (Geschlechtsorgane). Meistens steigern sich Erregung und Anspannung, und der Drang entsteht, sich durch einen Orgasmus von der Spannung zu befreien. Der Mann ejakuliert dann üblicherweise. So kann ein anderes Leben entstehen, mit anderen Worten: ein Kind. Wir nennen diese erste Phase deshalb die **biologische Phase**. Die meisten Menschen kennen nur diese Art von Sex mit einer Ejakulation.

Dann gibt es noch eine andere Art von Sex, bei der man seine sexuelle Energie nicht entlädt, sondern sie im Körper zirkulieren lässt. Wenn die sexuelle Energie nicht mit dem Orgasmus hinausgeworfen wird, fließt sie jetzt von unten (Genitalien) wieder nach oben (Gehirn), und du kannst spüren, dass sich dein ganzer Körper lebendiger und frischer anfühlt. Oft erlebt man dabei ein starkes Gefühl von Liebe und Verbundenheit. Hier könnte man sagen, dass neues Leben in dir selber entsteht: du hast mehr Energie und fühlst dich vitaler Diese zweite Phase nennen wir die **erneuernde Phase** des Sex. Beim coolen Sex ist diese Phase von großer Bedeutung.

Experimentier mal!

Nicht nur im Bett, sondern auch bei anderen Aktivitäten können wir heiß (zielorientiert) oder cool (verbindungsorientiert) an eine Sache herangehen. Zum Beispiel wenn du tanzen gehst, kann das eine sehr zielgerichtete Aktion sein. Bewusst oder unbewusst bist du vielleicht darauf aus, dass dich jemand attraktiv findet, oder du möchtest jemanden dazu bewegen, mit dir Sex zu haben.

Aber beim Tanzen kann es auch einfach nur um den Kontakt an sich gehen und darum, dass man an jemandem interessiert ist. In dem Fall gierst du nicht so sehr nach einem Ziel, es ist dir wichtiger, was im Moment der Begegnung geschieht.
Du kannst beobachten, wie das bei dir ist, wenn du ausgehst.
Denkst du daran, was du dir während (oder nach) dem Tanzen erhoffst?
Bist du eher auf das Ergebnis aus oder ist dir der Kontakt an sich wichtiger? Merkst du beim Tanzen, wie sich dein Körper wirklich anfühlt, oder bist du mehr im Kopf und fragst dich, wie du auf die anderen wirkst?
Ist dir wichtig, was die anderen von dir denken?

Wenn du das bei dir bemerkst, probier doch einfach mal was ganz anderes aus. Lenke deine Aufmerksamkeit weg vom Kopf, hinein in deinen Körper: Spür deine Füße, deine Beine, dein Becken ...

- Was nimmst du wahr?
- Kannst du dein Herz spüren?

Vom Positiven (+) zum Negativen (-)

Bei heißem Sex nutzt du Erregung und Anspannung, um die sexuelle Energie aufzuheizen. Du tust das z.B. durch sexy Kleidung, Zungenküsse, Liebkosungen, erregende Wörter etc. Beim coolen Sex geht es darum, dich zu entspannen. Bei coolem Sex wird Energie anders aktiviert und es werden natürliche Energiepole genutzt, die in jedem Körper sind.
Und das sieht so aus: **Energie an sich fließt immer vom positiven zum negativen Pol, wie in der Physik: von a + nach a –.** Wir Menschen haben, wie ein Magnet, einen positiven und einen negativen Pol in unserem (Energie)-Körper.

Bei der Frau sind die Brüste und die Brustwarzen der positive, gebende Pol. Sie sind von außen zu sehen und richten sich auch nach außen. Schaut man biologisch auf die Sache, kann man erkennen, dass über die Brüste die Muttermilch gegeben wird – deshalb ist dies der gebende Pol. **Im Gegensatz dazu die Vagina mit der Klitoris: sie sind der negative oder empfangende Pol.** Das macht Sinn, denn sie liegen innen.
Bei einem Mann ist der Penis der positive, gebende Pol, der nach außen gerichtet ist. Blicken wir hier wieder biologisch, können wir sagen, dass über den Penis das Sperma ‚gegeben' wird. **Die Brust/Herzgegend ist der negative, empfangende Pol und liegt im Körper.**

Positiv und negativ haben hier übrigens nichts mit „gut" oder "schlecht" zu tun, sondern mit „geben" und „empfangen".

Wenn im positiven Pol Energie entsteht, wird sie natürlicherweise zum negativen Pol hinfließen – wie bei einem Magneten. Um die sexuelle Energie bei der Frau in Fluss zu bringen, schenkt man ihrem **positiven Pol, ihren Brüsten, viel Aufmerksamkeit.** Und zwar auf ganz sanfte Weise. Entsteht dort Energie, wird diese automatisch zum negativen Pol, also zur Vagina und Klitoris hinfließen.

Beim Mann ist es umgekehrt. Sein Penis, besonders an der **Peniswurzel oder der Basis des Penis, dem Perineum** – das ist die Gegend zwischen den Hoden und dem Darmausgang (Anus) – **ist der positive oder gebende Pol.** Wenn man sich dem achtsam zuwendet, fließt die Energie von hier zum negativen Pol des Mannes, dem Herzen. Dann fühlt sich der Mann in seinem Herzen offener und ist liebevoll mit seiner Partnerin verbunden.

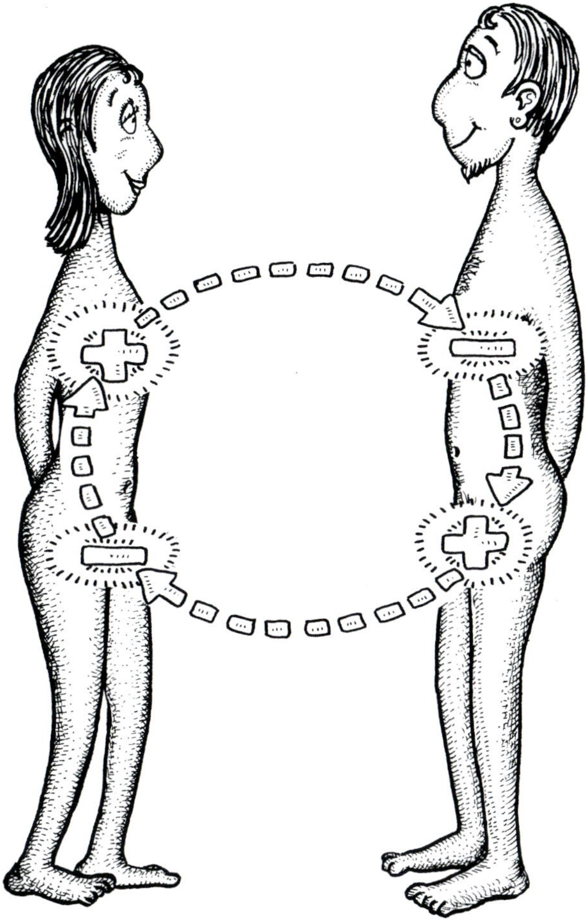

Zwischen dem positiven und dem negativen Pol entsteht ein Magnetfeld – sie ziehen sich gegenseitig an.

Dieser Energiefluss existiert auch im Körper jedes Einzelnen. Eine Frau gibt natürlicherweise von ihren Brüsten, ihrem Herzen und dann fließt diese Energie zu ihren Genitalien. Ein Mann gibt natürlicherweise von seinem Penis und die Energie fließt von dort in sein Herz. Wenn sich die beiden dieser „Polarität" beim Zusammensein bewusst sind, dann kann die Energie in einem Kreis fließen.

Für mich ist es anders

Es ist möglich, dass du das Gefühl hast, dass das bei dir anderes ist. Als Junge hast du vielleicht das Gefühl, dass zuerst dein Herz aufgeht oder als Mädchen, dass deine Vagina sehr schnell bereit ist. Spiele einfach mit dem was für dich stimmt, probiere aus und sieh unsere Anregungen nicht als feste Regel, sondern als Inspiration.

Viele Möglichkeiten

Im Tantra sieht man die sexuelle Verbindung und den Akt als eine Form der Energie zwischen den gegensätzlichen Polaritäten der Geschlechter (Flow). Beim Sex mit gleichgeschlechtlichen Partnern ist diese Polarität zwischen negativem und positivem Pol anders. Dennoch gibt es auch hier viele Wege um coolen Sex zu erforschen.

Zum einen funktionieren die sexuellen Prinzipien von coolem Sex für jeden: Entspannung, bewusst nachspüren, was man macht und fühlt, mit dem anderen verbunden sein, bewusste Berührung, tiefes Atmen und im „Hier und jetzt“ sein, nicht auf ein Ziel ausgerichtet sein.

Zum zweiten ist es gut sich daran zu erinnern, dass es beim tantrischen oder coolen Sex darum geht, dass sich die weibliche und die männliche Energie, die jeder in sich hat, vereint. Bricht man es runter, geht es um die Beziehung zu dir und der inneren Verbindung des männlichen und weiblichen Pols in dir. Das trifft auf jeden zu, egal welche sexuelle Orientierung oder Geschlechtszuordnung du hast. Um das zu erfahren, finde heraus wo deine Lebendigkeit und Energie in dir ist. Versuche herauszufinden, wo bei dir der positive Pol in deinem Körper ist und vielleicht erlebst du nach einiger Zeit den Flow von Plus zu Minus. Und wenn du mit jemandem zusammen bist, könnt ihr kreativ sein und mit den unterschiedlichen Polen in euren Körpern spielen.

Es ist möglich, dass du dich nicht eindeutig als Mädchen oder Junge empfindest und dich eher als „gender fluid“ wahrnimmst. Lies die Informationen, die wir geben und spüre nach, was am besten auf dich zutrifft.

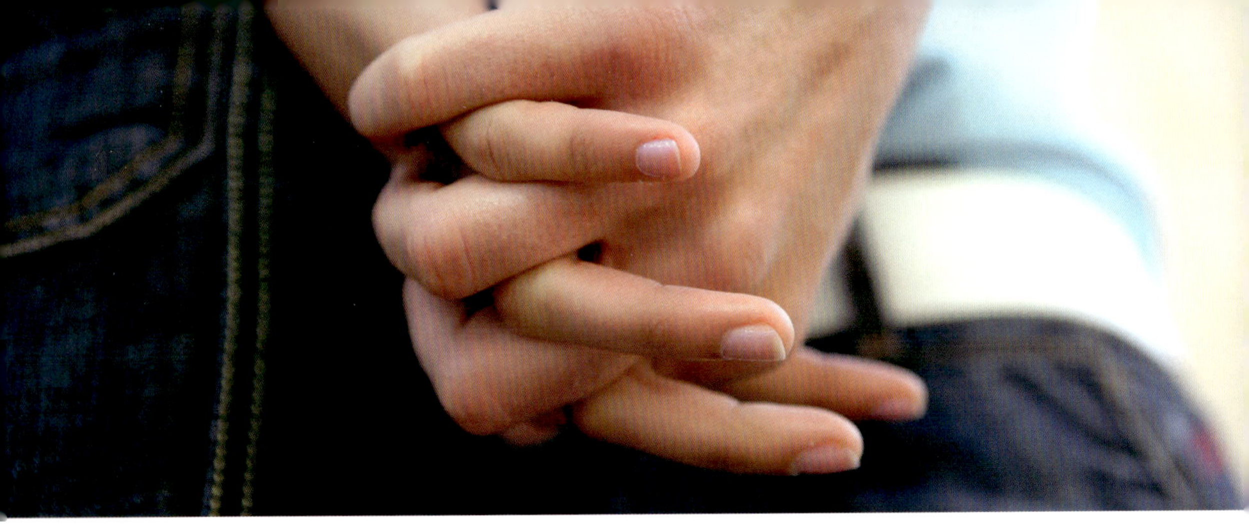

Bewusstheit – was ist das?

In diesem Buch benutzen wir die Begriffe „Bewusstheit“ und „Präsenz“. Und vielleicht fragst du dich, was damit eigentlich gemeint ist.

Bewusstheit bedeutet, dass du dich selber wie von außen beobachtest und mitbekommst, was bei dir so los ist. Wenn du bewusst bist, dann bist du aufmerksam und weißt, was du denkst, fühlst und tust. Mit anderen Worten: du verstehst, was in dir oder mit dir vor sich geht. Wenn du Dinge präsent oder bewusst tust, dann wirst du bemerken, dass du ganz von selbst langsamer wirst und dich entspannst. Du kannst mit deiner Aufmerksamkeit bei dem sein, was im Augenblick vor sich geht und bist nicht in Gedanken bei etwas anderem. Das heißt, dass du das, was jetzt passiert, mehr wahrnimmst und dass deine Erfahrungen ganz von alleine intensiver werden.

Übung: Spannung und Entspannung

Leg dich auf den Rücken und nimm einen tiefen Atemzug. Beim Einatmen hebt sich erst dein Bauch und dann die Brust. Beim Ausatmen ist es umgekehrt: du lässt erst deine Brust und dann deinen Bauch einsinken. *Atme eine Weile auf diese Art still ein und aus.*

Nun richtest du deine Aufmerksamkeit in deinen Körper. Du spannst einen Körperteil nach dem anderen an und entspannst ihn dann wieder. Fang am besten bei den Füßen an. Atme ein und während du das tust, spannst du deine Füße an. Halte die Spannung für einen Moment. Dann atmest du aus und lässt dabei die Spannung wieder los. Wenn du ausatmest, lass deinen Atem sozusagen durch deine Füße raus. Dabei kannst du innerlich zu dir selber sagen: „Ich entspanne meine Füße, meine Füße sind ganz entspannt.“ *Das Anspannen und wieder Entspannen wiederholst du im Rhythmus mit deiner Atmung und gehst durch den ganzen Körper: Beine, Gesäß, Becken mit den Genitalien, Bauch, Brust, Schultern, Arme, Hände und zum Schluss dein Gesicht.*

Konzentriere dich darauf, wirklich nur den Körperteil anzuspannen, den du grade im Blick hast, der Rest deines Körpers bleibt entspannt. *Zum Schluss spannst du deinen ganzen Körper an, lass sich alles zusammenziehen, dann lass los und entspanne dich – das machst du drei bis viermal.*
Diese Übung ist übrigens auch toll, wenn du mal nicht einschlafen kannst.

Was brauchst du für coolen Sex?

Cooler Sex hat eine eher feine Qualität und nicht jeder kann sie sofort spüren. Dafür braucht man ein bisschen Übung. Diese kleinen, feinen und zarten Energien sind leichter zu spüren, wenn du dich in deinem Körper wohl fühlst und natürlich entspannt bist. Die meisten Verspannungen haben wir im Becken und in den Genitalien – ohne das zu merken. Diese Anspannung und Enge verhindert und verringert dann den Fluss der Sex- oder Lebensenergie. Zum Glück kann man lernen, Spannungen wieder loszulassen, zum Beispiel durch tanzen, sich massieren oder einfache Yoga- und Dehnübungen. Cooler Sex an sich, macht es dir also auch automatisch leichter, dich zu entspannen und mehr zu empfinden.

In Kapitel 6 werden wir einen Überblick geben, wie cooler Sex ganz praktisch aussehen kann. *Bevor wir das tun, werden wir uns noch etwas genauer mit dem Körper der Frau und ihrer Sexualität (Kapitel 4) und dann mit dem Körper des Mannes und seiner Sexualität (Kapitel 5) befassen.*

Übung: Den Körper scannen

Um deinen Körper mehr zu spüren, kann es hilfreich sein, ihn regelmäßig zu „scannen“. Mehrere Male am Tag und auch jetzt gerade, wo du das hier liest, lenkst du einfach deine Aufmerksamkeit in deinen Körper. *Atme langsam und tief und taste dich sozusagen von innen ab – das ist es ja, was „scannen“ bedeutet.* Nimm wahr, wo es deine Aufmerksamkeit hinzieht. Wo bemerkst du Spannungen? Atme in diese Stellen hinein und schau, ob du deinen Körper jetzt mehr spüren kannst. Behandelst du ihn dabei ganz freundlich und nörgelst nicht an ihm herum, freut er sich und kann sich gleich noch mehr entspannen. *Wenn du das Scannen regelmäßig übst, fällt es dir leichter, dich zu spüren und mit deinem Körper auf natürliche Weise in Kontakt zu sein.*

Übung: Aktive Meditation

Neben dem Sex ist Bewegung gut, um die Energie im Körper wachsen und fließen zu lassen. Wir empfehlen dafür die *Kundalini-Meditation.* Sie dauert 1 Stunde und danach fühlst du dich offen, frisch und voller Energie.

Sie geht so: Die ersten 15 Minuten schüttelst du, unterstützt durch Musik, sanft deinen Körper. Beide Füße stehen dabei fest auf dem Boden. Dann tanzt du 15 Minuten so, wie du möchtest, auch unterstützt durch Musik. In der 3. Phase stehst du 15 Minuten still und lauschst nach innen und den Klängen der begleitenden Musik, und zum Schluss sitzt du schweigend 15 Minuten oder du legst dich hin.

Wenn du diese Meditation gemacht hast, fühlst du dich frischer und voller neuer Energie. Sie macht richtig Spaß und dauert nur eine Stunde.

Kapitel 4

Frauen-Sache

Jede Frau ist körperlich in der Lage …

… intensive sexuelle Erfahrungen zu machen. Aber nicht jede Frau hat eine Geschichte über ihr Sexleben zu erzählen, in der nur Vergnügen und Spaß vorkommen. Viele junge Frauen kennen Sex, der mit Schmerzen verbunden ist. Dabei kann es sich um körperliche und/oder emotionale Schmerzen handeln. Zum Beispiel, wenn man zum Sex gezwungen wird. Es kommt auch vor, dass man gefühlsmäßig darunter leidet, beim Sex nicht viel zu fühlen oder keinen Orgasmus zu haben.

Was einer jungen Frau helfen kann, schöne und tiefe sexuelle Erfahrungen zu machen, sind Entspannung, Sanftheit und Empfänglichkeit. Dies mag ein anderes Bild sein als das, was gegenwärtig in der Öffentlichkeit von der „Idealpartnerin" im Bett vorherrscht: Das Bild einer aktiven, lustvoll stöhnenden Superfrau. Ob diese Show des Sex wirklich funktioniert und zu befriedigendem und liebevollen Sex führt, gilt es zu hinterfragen.

Die Stärke der weiblichen Sexualität liegt gerade in der Weichheit und Entspannung. Wenn du als junge Frau mit Leichtigkeit und Sanftheit an den Sex herangehen kannst, dann wirst du ganz natürlich empfänglich und offen mit deinem Freund sein. So kannst du tiefen und innigen Sex genießen – der dich glücklich und zufrieden macht – ohne Stress und Leistungsdruck.

Übung: Schenke deinen Brüsten Aufmerksamkeit

Um als junge Frau zu üben, dich zu entspannen und Sanftheit einzuladen, ist es vor allem wichtig, dass du deinen Brüsten Aufmerksamkeit schenkst. Sie sind ja der positive Pol, in dem die sexuellen Energien erwachen.

Lege dich, am besten morgens oder abends im Bett auf den Rücken und umfasse ganz sanft mit deinen Händen deine Brüste, so als würdest du sie leicht von unten und von der Seite anheben. Deine Arme sind dabei entspannt. Wenn es sich irgendwann anstrengend für deine Arme anfühlt, kannst du ein Kissen unter deine Ellenbogen legen und die Arme so unterstützen. Atme tief, entspanne dich und lenke deine Aufmerksamkeit auf das Innere deiner Brüste und deine Herzgegend.

Vielleicht bist du mit deinen Brüsten nicht zufrieden und findest sie nicht schön oder nicht groß genug oder zu groß oder zu klein oder nicht fest genug ... Mach die Übung trotzdem, denn wenn du deine Brüste mehr und mehr von innen spüren kannst, werden sie sich immer schöner anfühlen. Du siehst sie dann mit ganz anderen Augen und wirst zufriedener mit ihnen, denn sie geben dir ja gute Gefühle. Das macht dich und deine Brüste glücklicher. *Wenn du ihnen diese liebevolle Aufmerksamkeit schenkst, wird das auf natürliche Weise auch dein Herz öffnen.* Auf diese behutsame Art wird die Sexenergie in deinem ganzen Körper leichter fließen. Und auch dein Freund wird deine Zufriedenheit spüren.

Orgasmus und Co.

Frauen können verschiedene Arten von Orgasmen haben. Wir erwähnen hier drei, es gibt aber noch viel mehr. Und wenn sich die verschiedenen Arten verbinden, eröffnet das ungeahnte Möglichkeiten. Zunächst gibt es den **klitoralen Orgasmus,** zu dem es durch die Stimulation der Klitoris kommt. Die Klitoris befindet sich am oberen Ende der Vulva, der äußeren Vagina und bedeutet „kleiner Hügel". Ein Gewebe das tief in die Vagina hineinreicht und mit Nervensträngen und Rezeptoren durchzogen ist. Diese Art von Orgasmus hat oft einen starken Höhepunkt, der schnell wieder abflacht. Deswegen wird diese Form von Orgasmus auch „Gipfel-Orgasmus" genannt. Manche Frauen kommen leicht zum Orgasmus, wenn ihre Klitoris stimuliert wird, andere müssen sich dabei sehr anstrengen, wieder andere haben so nie einen Orgasmus.

Eine zweite Art ist der **vaginale Orgasmus,** zu dem es durch die Stimulation des G-Punktes kommt. Der G-Punkt ist eine kleine Zone, die an der Vorderseite und im Innern der Vagina liegt. Dieser Punkt kann mit einem Finger, einem Vibrator oder dem Penis von innen massiert werden. Haben Frauen solch einen Orgasmus, kann es sein, dass dabei Flüssigkeit aufgebaut wird, die später aus der Harnröhre fließt. Dieser Orgasmus wird als intensiver und tiefer beschrieben als der klitorale Orgasmus.

Eine dritte Form von Orgasmus ist der „Tal-Orgasmus". Zu dieser Art von Orgasmus kommt es hauptsächlich durch Entspannung und durch den Fluss der Energien. Das ist ein Orgasmus, der dich statt eines kurzen Höhepunktes eher in eine Hochstimmung bringt und lange andauern kann. Er wird als intensive, sanfte und warm-prickelnde Erfahrung beschrieben und als ein Fließen von Energie durch den ganzen Körper, besonders in der Herzgegend. Wir bezeichnen ihn als „orgasmischen Zustand".

Klito-was?

In der Vergangenheit gab es viele, die keine Ahnung von der Existenz der Klitoris hatten. Heutzutage gehört es mehr oder weniger zur Allgemeinbildung, dass es Mädchen und Frauen häufig leichter fällt, einen Orgasmus zu haben, der durch die Klitoris entsteht.

Unserer Meinung nach ist die moderne westliche Sexualität zu sehr auf die Klitoris fixiert. Aus der Sicht des coolen Sex, hat die Vagina, besonders tief in ihrem Inneren nahe des Gebärmutterhalses (Cervix), jede Menge orgasmische Fähigkeiten. Hat Sex nur ein Ziel, nämlich unbedingt einen Gipfel-Orgasmus zu erreichen, werden die orgasmischen Möglichkeiten der Vagina erst gar nicht wahrgenommen.
Viele glauben auch, dass harte Stöße den Frauen am meisten Spaß machen, aber in Wahrheit ist oft das Gegenteil der Fall: es kann schmerzhaft für die Frau sein.
Es sind die sanften, ruhigen und bewussten Berührungen des Penis und der Penisspitze, die die Vagina entspannen lassen.

Die Klitoris ist ein schönes Spielzeug, das Spaß macht und für einen aufregenden und kurzen Orgasmus sorgt, aber die Vagina birgt den eigentlichen orgasmischen Schatz.
Mit dem G-Punkt verhält es sich ähnlich. Sich auf ihn zu konzentrieren, kann kurzfristig Spaß bringen. Hat man aber erstmal die sagenhafte Gefühle kennengelernt, die einem der innere Raum der Vagina verschafft, dann wird man den G-Punkt wahrscheinlich links liegen lassen.

Übung:

Was den Sex angeht, hört man ja, dass es gut sei, die Muskeln der Vagina zu trainieren, um mehr zu fühlen. Wir empfehlen das Gegenteil: Achte darauf, dass sie entspannt sind und dadurch empfänglicher. Um den Unterschied zwischen Spannung und Entspannung in deinem Beckenboden zu spüren, mache diese kleine Übung:

Beim Einatmen ziehst du ganz langsam deinen Beckenboden hoch, so als wenn du beim Pinkeln langsam den Urin anhalten willst. Mit dem Ausatmen lässt du die Spannung im Beckenboden wieder los – genau so langsam.

Das kannst du eigentlich überall und in allen möglichen Lebenslagen tun; zum Beispiel wenn du vorm Fernseher liegst, irgendwo rumsitzt, im Supermarkt in der Warteschlange stehst. Mit der Zeit wird sich deine Vagina weicher anfühlen. Jetzt ist der Weg frei für fein-prickelnde Empfindungen im Sex.

Und wenn deine Vagina beim Sex weich und weniger erregt ist, hat es den Vorteil, dass dein Partner nicht so schnell kommt, und vor allem nicht vorzeitig kommt. So könnt ihr länger Sex haben.

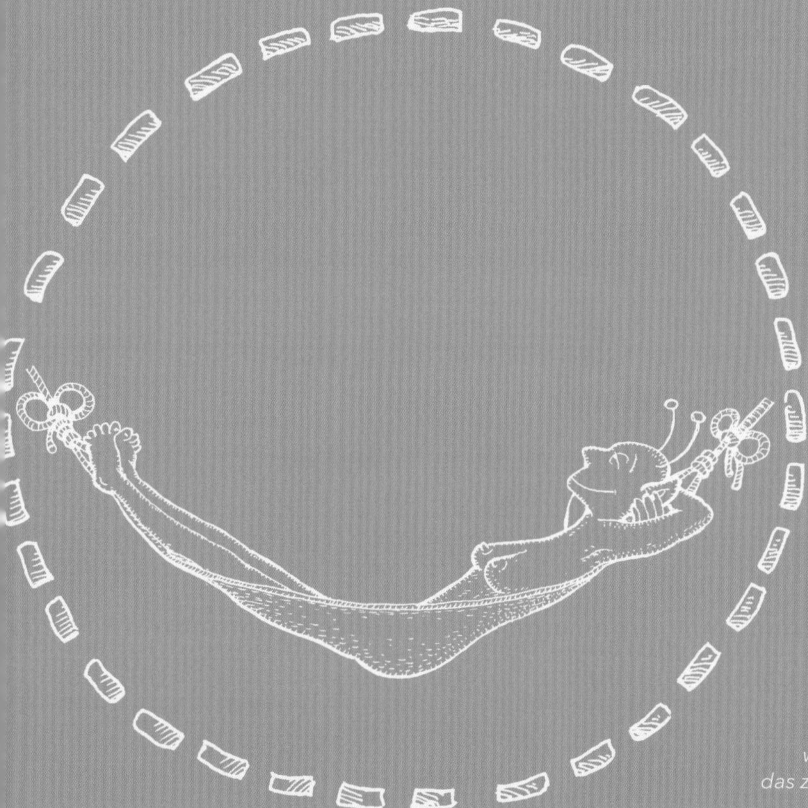

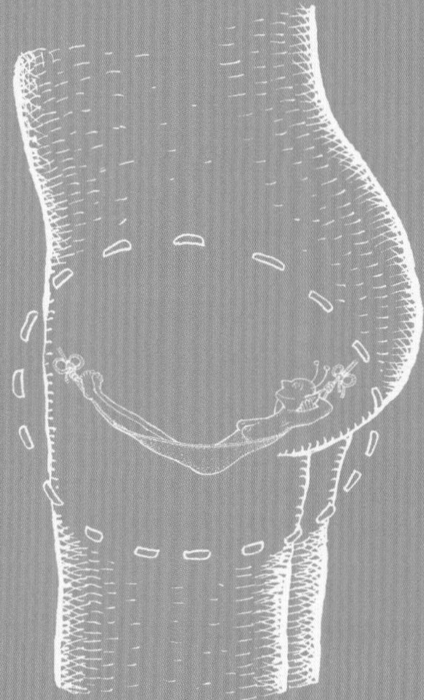

*Stell dir vor, wie du deinen
Beckenboden entspannst:
wie eine Elfe in der Hängematte…,
das zaubert dir ein Lächeln ins Gesicht.*

Solo-Sex

Sex mit dir selbst kann dir helfen herauszufinden, was du magst und was du nicht magst und wie das mit dem Orgasmus für dich überhaupt funktioniert. Auch beim Solo-Sex kann dein Hauptaugenmerk auf etwas anderem liegen, als zu kommen.

Wie ist das, wenn du dich selbst berührst, ohne unbedingt einen Orgasmus haben zu müssen. Was passiert, wenn du das Gefühl der Erregung nicht steigerst, sondern dich eher darin hineinentspannst?

Da gibt es die Möglichkeit, dich auf deine Brüste zu konzentrieren, langsam und tief zu atmen und wirklich nachzuspüren, was du fühlst, denn deine Brüste sind ja der Punkt (positiver Pol), von dem aus deine sexuelle Energie ins Fließen kommt. *Wenn du einen Orgasmus haben möchtest und du weißt, wie du ihn erreichen kannst,* dann lass ihn zu und genieße ihn. Gleichzeitig schau mal, wie entspannt du dabei sein kannst, während du drauf zusteuerst.

Wenn du nicht so genau weißt, wie du zum Orgasmus kommst oder vielleicht auch gar keine Lust auf diese Art Solo-Sex hast, dann vertraue dir und mache, was sich für dich gut und richtig anfühlt. Entspanne dich, wenn du dich selbst berührst. Wenn du keine spektakulären Höhepunkte hast, fällt es dir vielleicht später leichter, dich beim coolen Sex mit deinem Freund zu entspannen, weil du dich gar nicht erst daran gewöhnt hast, einem superheißem Orgasmus hinterherzujagen.

Benutzt du manchmal einen Vibrator beim Solo-Sex? Ein Vibrator hilft dir vielleicht, schnell und leicht erregt zu werden. Durch die Vibration und die heftige Erregung, die durch den Vibrator entsteht, kann sich das Gewebe in deinen Genitalien allerdings wieder so stark anspannen, dass deine ganze Vagina letztendlich stumpfer und unempfindlicher wird.

Fantasien

Manchmal scheint es so zu sein, als könne man keinen heißen Sex ohne Fantasien haben. Vielleicht schaffst du es nur zu kommen, wenn du dich in Fantasien begibst. *Aber mal ganz ehrlich:* In Wirklichkeit sind Fantasien ein Weg, um nicht wirklich „hier“ zu sein, bei deinem Freund, so wie er jetzt ist.

Obwohl es so scheint, als würden deine Fantasien dein Erleben intensivieren und erregender gestalten, ist ein tieferes Erleben nur möglich, wenn deine ganze Aufmerksamkeit in deinem Körper ist. Wenn du also beim Sex mit deinem Partner fantasierst, stellt sich die Frage, ob du ihm dann eigentlich nahe bist – eher nicht.

Du könntest mal ausprobieren, was passiert, wenn du deine Augen offen lässt und deinen Partner anschaust. Du wirst feststellen, dass du weniger schnell in eine Fantasiewelt abdriftest. Und nächstes Mal, wenn du merkst, dass du beim Sex zu fantasieren anfängst, kannst zu dir sagen: Hey, jetzt tu ich es wieder!

Es geht mehr darum, dass du es merkst und nicht darum, dich dafür zu verurteilen ... weil es einfach nur eine Gewohnheit ist und so leicht passiert.

„Ich hab immer Fantasien gebraucht, um kommen zu können. Aber es fühlte sich auch so an, als würde ich meinen Körper unter Druck setzen, den Orgasmus zu erreichen. Also lasse ich es jetzt einfach sein, hechele keinem Höhepunkt hinterher und entspanne mich maximal. Und wenn ich dann mal einen Orgasmus habe, fühlt es sich sehr anders an: tiefer – und er hält länger an."

Was heißt denn hier normal?

Die Vagina ist ein Körperteil, der normalerweise ziemlich versteckt ist, deshalb weiß nicht jedes Mädchen, wie unterschiedlich Vaginas aussehen können. Pornos zeigen häufig sehr enge und „ordentliche" Vulven (alles, was von außen zu sehen ist, wird als *Vulva* bezeichnet), aber in Wirklichkeit sind die meisten ungleichmäßig ... und schon gar nicht einheitlich. Es gibt viele verschieden Arten von Vaginallippen (auch *Labia* genannt), die sich in ihrer Länge und Farbe unterscheiden. Also ... denk dran: Es gibt so viele verschiedene Formen von Vaginen, wie es Frauen gibt. Beim Penis ist es genauso, nur kann man schneller sehen, dass nicht jeder gleich ist und sie sich in Form, Farbe und Größe unterscheiden. Übrigens: Beim coolen Sex spielt Form und Aussehen keine Rolle. In den meisten Sprachen gibt es umgangssprachliche Bezeichnungen für die Vagina, die oft als Schimpfwort gebraucht werden. Da ist es nicht gerade nett oder angenehm. Die indische Sprache Sanskrit, hat ein sehr schönes Wort für die Vagina: „Yoni". Frei übersetzt bedeutet es „heiliger Ort" oder „Quelle, Ruheplatz".

Mach dich frisch. Sexuelle Hygiene ist wichtig.
Am besten ist es, wenn du beim täglichen Duschen deine Vagina mit Wasser (Seife ist nicht nötig) wäschst. Mehr braucht es nicht. Ein gesunder Lebensstil (gesundes Essen, Nichtrauchen, Bewegung, eine gute sexuelle Beziehung) trägt dazu bei, dass auch deine Vagina gesund bleibt. „Intimsprays" sind völlig unnötig. Wenn du weißt, dass du Sex haben wirst, dann kannst du dich vorher waschen, wenn das möglich ist.

Wenn sich aufgestaute Energie entlädt

Manchmal können Schmerzen oder Spannungen in der Vagina eines Mädchens oder einer Frau gespeichert sein, die von traumatischen oder unangenehmen sexuellen Erfahrungen herrühren. Das kann eine zudringliche sexuelle Berührung gewesen sein, stressbeladener Sex oder sexueller Missbrauch.

Es ist auch möglich, dass ein Mädchen (ohne es zu wissen oder zu merken) die Ladung einer negativen sexuellen Erfahrung in sich trägt, die ihre Mutter oder Großmutter erlebt hat. Alle möglichen Erlebnisse und Erfahrungen in einer Familie können von einer Generation zur nächsten weitergegeben werden.

Aufgestaute Spannungen und Schmerzen können der Grund sein, wenn eine Frau in ihrer Vagina nicht so viel fühlt. Viele Menschen glauben nach wie vor, dass die Vagina von Natur aus mehr oder weniger gefühllos ist und dass das bedeutet, dass es dem Mädchen mehr Spaß macht, wenn man sich auf ihre Klitoris konzentriert, um die Erregung zu steigern. Wenn aber die Vagina entspannt und frei von Schmerzen und Stress ist, dann können hier, insbesondere im tiefsten Innern der Vagina, die köstlichsten Gefühle entstehen.

In Kapitel 6 findest du mehr Information dazu, wie diese vaginale Spannung mit Hilfe von coolem Sex aufgelöst werden kann.

Oh nein, meine Periode ...

Die Periode (Menstruation) wird von vielen Menschen, Frauen wie Männern, als eine Last angesehen, die negativen Einfluss auf die Laune und die körperliche Verfassung eines Mädchens oder einer Frau hat. Teil der natürlichen Schönheit der Menstruation liegt jedoch in der Tatsache, dass sie (fast) jede Frau dazu befähigt, jeden Monat neues Leben zu erschaffen.

Die Zeit des Eisprungs (Ovulation) zwei Wochen vor der Menstruation kann als Zeitpunkt großer Vitalität erlebt werden. Es gibt Mädchen und Frauen, die den Moment, in dem der Eisprung stattfindet, spüren können. Andere fühlen sich dann besonders attraktiv oder haben ein größeres Interesse an Sex und am Zusammensein. Die Menstruation selbst kann als Zeitraum betrachtet werden, der zum Loslassen und für die Reinigung da ist und der einen Neubeginn ermöglicht. Du kannst es also auch positiv sehen, wenn du deine Periode hast.

Es spricht übrigens nichts dagegen, während der Periode Sex zu haben, es ist mehr eine Frage der persönlichen Haltung, ob du und dein Partner sich damit wohlfühlen.

Verhütung

Es ist wichtig, ein Verhütungsmittel zu benutzen, dass für dich gut ist und dass vor Geschlechtskrankheiten und Schwangerschaft schützt. Informiere dich sorgfältig über die verschiedenen Möglichkeiten, wie du dich schützen kannst. Spiel das Risiko einer Schwangerschaft nicht herunter und unterschätze es nicht. Es kann so leicht passieren, dass du schwanger wirst! *Obwohl es die Möglichkeit gibt, eine Abtreibung vorzunehmen, ist dies eine Entscheidung, die sehr schwierige, langfristige emotionale und psychische Folgen für Mädchen und Frauen haben kann.* Verhütungsmittel sind dazu da, dass man sich keine unnötigen Sorgen während des Sex machen muss, das ist entspannend und du kannst offener sein.

Sozialer Druck und soziale Normen

Mädchen haben heutzutage mit einem starken Schönheitsmythos und -ideal zu kämpfen, was besonders in den Medien hochgejubelt wird. Von Mädchen und Frauen wird erwartet, dass sie super dünn sind, ewig jung, faltenlos, mit festen Brüsten, einer engen Vagina und Vaginallippen, die gleichmäßig und schmal sind. Es erfordert eine ziemliche Stärke, dich von diesen Standards nicht umhauen oder beeinflussen zu lassen und mit dir selbst zufrieden zu sein, so wie du bist. **Glücklicherweise gibt es Gegenbewegungen, die versuchen, diesem Schönheitswahn etwas entgegenzusetzen.** Es gibt zum Beispiel Magazine,

die Models abbilden, die nicht Size-Zero haben und Seifenhersteller, die in ihrer Werbung Frauen zeigen, die älter sind und eben nicht dem normierten Schönheitsideal entsprechen. *Was du für dich selbst tun kannst, ist zum Beispiel wahrzunehmen, ob du bei deinen Essgewohnheiten oder deinem Aussehen sehr streng oder zwanghaft mit dir bist.* Du kannst auch versuchen, mit deinen Kommentaren über andere (jüngere) Mädchen oder Frauen zurückhaltender zu sein. Probleme beginnen oft da, wo jemand einen negativen Kommentar über das Gewicht oder das Aussehen des anderen macht. *Was den Sex angeht, gibt es sich widersprechende Standards, die Mädchen erfüllen sollen:* Wenn du viel Sex mit verschiedenen Partnern hast, bist du schnell ein Flittchen, aber wenn du keinen Sex hast, dann wirst du zum Gespött. Wieder liegt hier die Herausforderung darin, dich nicht von äußerem Druck beeinflussen zu lassen, sondern das zu machen, was dir wichtig ist und was sich für dich gut anfühlt.

Übung: Schmetterling

Dies ist eine gute Übung, damit die Energie in deinem Becken und in deiner Vagina freier fließen kann. Du kannst sie allein machen oder zusammen mit deinem Freund, bevor ihr euch liebt. Dabei liegt ihr nebeneinander. Vielleicht läuft ruhige Musik im Raum.

Lege dich auf den Rücken und winkle die Beine so an, dass deine Fußsohlen den Boden berühren. Schließ deine Augen und lege deine Hände entspannt auf deinen Brustkorb. Atme tief durch den Mund ein und aus, lass deinen Atem dabei insbesondere durch deine Brust und dein Herz fließen.

Du kannst beim Atemholen einen Ton machen, wenn du magst. Vielleicht fühlt es sich am Anfang etwas seltsam an, aber es hilft deiner Energie besser zu fließen, wenn du Töne machst.

Nachdem du ein paar Minuten tief geatmet hast, lass deine Knie langsam nach außen fallen – Stück für Stück, so langsam wie du es kannst.

Wenn deine Knie ganz unten sind, bringst du sie langsam wieder nach oben und zusammen. Sie fühlen sich unter Umständen schwer an.

Mache das ungefähr fünf Mal. Es kann sein, dass deine Beine anfangen zu zittern, das macht nichts. Denk daran, weiter tief zu atmen. Wenn du fertig bist, strecke deine Beine wieder lang aus.

Nimm wahr, wie sich dein Körper nach dieser Übung anfühlt und bleib noch eine Weile so liegen. Wenn du die Übung mit deinem Freund gemacht hast, könnt ihr euch zum Abschluss beide auf die Seite drehen und euch umarmen.

Kapitel 5

Männer-Sache

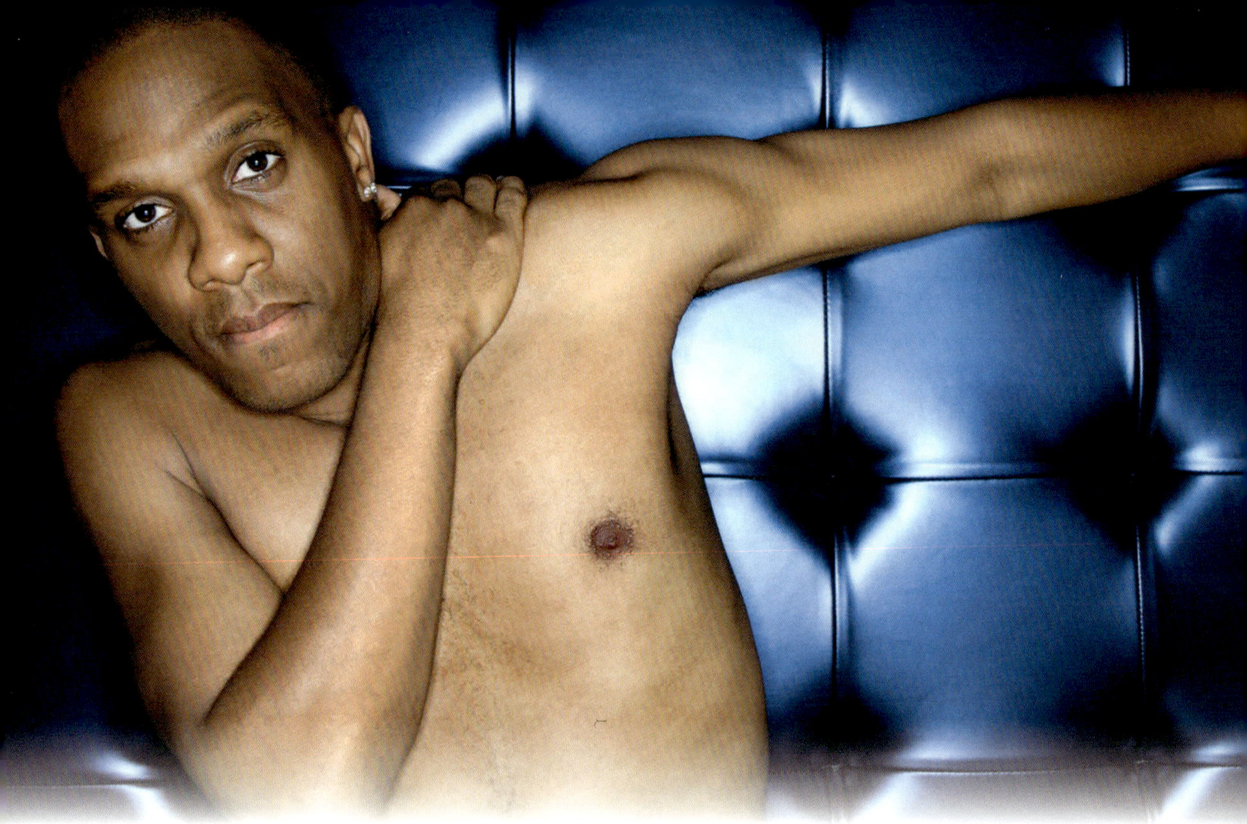

Für viele Männer ist heißer Sex reizvoll und aufregend. Und für viele wird Sex irgendwann zur wichtigsten Sache überhaupt. Warum hat Sex solch eine Anziehungskraft? Abgesehen davon, dass es einen grundlegenden, instinktiven Drang gibt sich fortzupflanzen, ist der Moment des Orgasmus etwas Besonderes: Es ist ein Moment, in dem man(n) die Kontrolle loslassen kann und das Denken aufhört. Zudem entladen sich auch

Spannungen. Das alles kann sich so gut anfühlen, dass du es immer wieder erleben möchtest. Daran ist nichts Falsches, aber: beim Sex ist sehr viel mehr möglich als das, was du bisher kennst.

Orgasmus und Ejakulation

Ein weit verbreitetes Missverständnis ist, dass Ejakulation und Orgasmus ein und dasselbe sind. In Wirklichkeit können Männer lernen, nicht zu ejakulieren, während sie weiterhin Orgasmen haben. Warum würden sie das tun wollen? Nicht, um eine Schwangerschaft zu verhindern, denn als Verhütungsmethode funktioniert das nicht. Der Grund ist ein anderer: Sperma ist unglaublich lebendig, allein 300 bis 500 Millionen(!) Spermien (männliche Samenzellen) sind in einem Ejakulat (Samenerguss), von denen jedes einzelne sich theoretisch zu einem menschlichen Wesen entwickeln könnte. Es ist körperlich und energetisch schon eine ganz schöne Leistung vom Mann, Spermien zu produzieren.

Manche Männer kennen das Gefühl nach der Ejakulation: plötzlich ist die Energie und die Erregung weg. Das ist der Augenblick, in dem du dich umdrehen und schlafen möchtest und dich weder für Sex noch für deine Partnerin besonders interessierst. Beim coolen Sex wird Männern geraten, sparsam mit ihren Ejakulationen umzugehen. Für junge Männer hat es Vorteile, ihre Ejakulation ab und zu hinauszuzögern oder gar nicht zu ejakulieren. So kann man das Abfallen der Energie und das Bedürfnis, sich zu erholen umgehen. Es kann dir helfen, mehr von deiner Lebensenergie bei dir zu behalten, und du und deine Freundin können den Sex länger genießen.

Orgasmus und Co.

Ebenso wie Frauen können Männer verschiedene Arten von Orgasmen erleben. Wir werden uns hier mit drei Formen beschäftigen. Es gibt noch mehr und alle können auch in den verschiedensten Kombinationen miteinander erlebt werden. *Zunächst gibt es den bekannten genitalen Orgasmus, zu dem es durch die Stimulation des Penis kommt.* Auf diesen Orgasmus, der auch *Gipfel-Orgasmus* genannt wird, folgt normalerweise eine Ejakulation. In der Regel gibt es einen bestimmten Moment, in dem die Erregung zu einem starken Höhepunkt kommt und danach wieder sehr schnell abfällt. Viele (junge) Männer können sehr schnell zu dieser Art von Orgasmus kommen, während es für andere starke Stimulation (z.B. mit der Hand) braucht, damit es dazu kommt. *Eine zweite Art von Orgasmus, den Männer haben können, entsteht durch die Stimulation ihrer Prostata,* eine Drüse, die zwischen dem Anus (Darmausgang) und der Peniswurzel (Ansatz vom Penis) im Innern des Körpers liegt. Es ist jedoch eine Kunst, diese Art von Orgasmus zu entdecken und zu wissen, wie man die Prostata am besten anregt. Männer, die diesen Orgasmus erfahren haben, beschrieben, dass er sich intensiver anfühlt als der genitale Orgasmus, zu dem es weit häufiger kommt. *Die dritte Form wird Tal-Orgasmus genannt.* Bei diesem Orgasmus bist du völlig entspannt und fühlst ein lang anhaltendes Strömen im gesamten Körper. Manchmal wird das „orgasmischer Zustand" genannt statt „Orgasmus". Es gibt keinen Höhepunkt und es kommt grundsätzlich nicht zu einer Entladung durch Ejakulation. Dieser Orgasmus hat den Vorteil, dass man lange Zeit Liebe machen kann und sich hinterher nicht so erschöpft und antriebslos fühlt.

Ü Übung: Die Ejakulation hinauszögern

Wenn du deine Ejakulation hinauszögern oder gar keine Ejakulation haben möchtest, kannst du Folgendes versuchen: Während des Sex mit dir allein oder mit deiner Freundin kannst du jedes Mal, wenn die Erregung steigt, versuchen anzuhalten und dich zu entspannen. Atme ruhig und stell dir vor, dass die Energie, die du in deinem Körper strömen fühlst, hinauf in dein Herz fließt, statt hinunter und aus deinem Penis heraus. Du kannst auch ausprobieren, wie es sich anfühlt, wenn du nicht ganz so viel Erregung aufbaust, sondern grundsätzlich entspannter an die Sache herangehst. Dabei verstehst du vielleicht, warum orgasmusorientierter Sex so unwiderstehlich ist, denn das Anhalten und Entspannen ist gar nicht so einfach! Nichtsdestotrotz lohnt es sich, das immer mal wieder auszuprobieren, denn du hast noch so viele Jahre aktiven Sex vor dir, und da ist es toll, wenn du viele Möglichkeiten hast und wählen kannst.

Von Fest zu Sanft

Du bist wahrscheinlich gewohnt – wenn du masturbierst oder mit deiner Freundin zusammen bist –, dass dein Penis fest angefasst wird, weil es dich am stärksten erregt. Der Nachteil von fester und eher grober Stimulation ist, dass dein Penis mit der Zeit weniger sensibel wird und dann immer mehr Stimulation braucht, um überhaupt etwas zu fühlen. Wenn du mit coolem Sex experimentierst, dann ist es gut, mal die leichten und sanften Berührungen auszuprobieren, um zu spüren, wie sich diese Art von Kontakt anfühlt. Wenn du leichte Berührungen magst, bist du generell empfindsamer, wirst dann gleich mehr spüren und weniger Stimulation brauchen.

„Die Vorstellung, dass man masturbieren sollte, ohne zu ejakulieren, war mir anfangs wirklich fremd und kam mir merkwürdig vor. Andererseits hatte ich auch oft Schuldgefühle, bereute es oder schämte mich, wenn ich masturbiert hatte. Ich habe ein paar Mal versucht, mich zu entspannen, wenn meine Erregung zunahm und nicht zu ejakulieren, und wurde dann plötzlich von einem tiefen und friedlichen Gefühl von Liebe und Glück durchflutet. Das war fantastisch und fast nicht zu glauben!“

Pornografie

Die Zeiten, in denen Pornografie etwas war, dass man sich „nur“ in „verbotenen“ Magazinen ansah sind vorbei. Heute sind Pornos durch das Internet leicht zugänglich und überall zu sehen. Pornos anzuschauen ist aufregend und erregend. Aber sie zeigen ein ziemlich einseitiges Bild von Sex. Intimität oder Liebe gehören da meistens nicht dazu. Auch die Darstellung, wie Männer und Frauen aussehen und was sie beim Sex mögen, ist sehr einseitig. Pornografie kann man daher am ehesten als etwas betrachten, dass mit dem Sex, den man im „wirklichen Leben“ hat, nichts zu tun hat und sich davon grundsätzlich unterscheidet. In Kapitel 8 gehen wir ausführlicher auf Pornografie ein.

Sucht?

Bei manchen Jungen und Männern kann Sex an irgendeinem Punkt in ihrem Leben zur Sucht werden. Dabei kann es um Solo-Sex gehen, mit oder ohne Pornos, aber auch beim Sex mit einer Partnerin. Auf einen Orgasmus und eine Ejakulation hinzuarbeiten lässt dein Blut „in Wallung" geraten und bringt dein Herz dazu schneller zu schlagen. Es dient als eine Art Ventil, um deine Spannungen abzubauen, besonders wenn es in deinem Leben Dinge gibt, die du als stressig, extrem anstrengend oder auch als langweilig und leer empfindest. Wenn du das Gefühl hast, dass Sex bei dir eine Sucht ist oder dabei ist, zur Sucht zu werden, dann schau, ob du etwas anderes findest, das dein Herz höher schlagen lässt: Eine Sportart, die dich kickt; Reisen; ein spannendes Hobby; ein interessantes Studium oder einfach das Zusammensein mit deinen Freunden. Wenn du aufhörst Pornos zu konsumieren, dann hilft dir das, deinen Fokus wieder mehr auf andere Dinge zu richten. Auch wenn cooler Sex nicht ganz dem entspricht, was du dir bisher unter Sex vorgestellt hast, kann er dich dabei unterstützen, deine Sucht nach heißem Sex und Pornos langsam abzubauen.

Die andere Seite

Auch wenn das Thema Nr. 1 für Männer Sex ist, heißt das nicht, dass sie keine Probleme damit hätten. Auch als Mann kann es sein, dass du die weniger angenehmen Seiten von Sex erlebt hast. Vielleicht hast du dich damit unsicher gefühlt, was deine Partnerin von dir im Bett erwartet oder ob du diese Erwartungen erfüllen kannst. Vielleicht hast du dir Stress über die Größe deines Penis gemacht. Oder ob du eine Erektion haben oder lange genug halten kannst. Oder du fragst dich, ob dein Körper attraktiv genug ist. Unter jungen Männern kann es zu Konkurrenz kommen, wer es „schon gemacht" hat, mit wem und wie oft. Vielleicht hast du in der Vergangenheit schwierige oder unangenehme sexuelle Erfahrungen gemacht. Es könnte auch sein, dass du dir nicht sicher bist, ob du hetero- oder homosexuell bist und dich deshalb in Sachen Sex unsicher fühlst.

Kurz: Junge Männer haben ebenso viele Fragen, Zweifel und Unsicherheiten beim Thema Sex wie junge Frauen.

Obwohl cooler Sex kein Allheilmittel ist, der alle Probleme aus dem Weg räumt, kann er dich, was den Sex angeht, lockerer machen – weil nichts passieren muss. Es gibt kein festgelegtes Programm, denn es geht darum, in deinen Körper hineinzuspüren und die Dinge ihren natürlichen Lauf nehmen zu lassen.

Mach dich frisch. Sexuelle Hygiene ist wichtig.
Am besten ist es, beim täglichen Duschen deinen Penis und deine Hoden mit Wasser (Seife ist nicht nötig) zu waschen. Dabei ist es wichtig, die Vorhaut des Penis zurückzuschieben, um die Penisspitze sauber zu halten. Wenn du weißt, dass du Sex haben wirst, dann wasche dich nach Möglichkeit vorher.

Pornografie und cooler Sex, geht das zusammen?

Pornos werden benutzt, um Erregung aufzubauen, die dann durch den Orgasmus entladen wird. Das kann dir einen Kick geben und sich gut anfühlen. Wenn du dabei masturbierst, kann es aber auch sein, dass du dich hinterher ganz schön einsam und leer fühlst. Oder dich schämst. Wenn du Pornos für deine Stimulation brauchst und du später mit deiner Partnerin das auch so machen willst, kann es passieren, dass es ihr früher oder später keinen Spaß mehr macht. Du kannst ein Experiment machen: Nächstes Mal tu absolut gar nichts, wenn du einen Porno guckst. Sieh dir die Bilder an und fühl einfach nur, was du in deinem Körper wahrnimmst. Kein Zweifel, du wirst spüren, wie dein Herz schneller schlägt, und dass sich da buchstäblich etwas in Bewegung setzt. Wenn du Erregung und heiße Lust spürst, und nichts tust, wirst du entdecken, dass du diese Gefühle haben kannst, ohne dass du etwas mit ihnen machen musst. Wenn Sex zwanghaft wird, macht er meist auch nicht mehr so viel Spaß und wenn er zur Sucht wird, schon gar nicht. Wenn du mit coolem Sex experimentierst, kann sich deine Vorliebe für heiße Erotik verändern und irgendwann hast du gar kein Bedürfnis mehr danach.

Wer ist verantwortlich?

Nun ja, manchmal heißt es, dass es die Mädels den Jungs nicht leicht machen: Kurze Röcke, ausgeschnittene T-Shirts, Brüste und Nippel fast sichtbar … Fragen sie nicht förmlich danach? Wonach fragt ein Mädchen, das aufreizende Kleidung trägt? Nach Sex? Nach Liebe? Nach Aufmerksamkeit? Und wie sollst du damit umgehen? Deiner instinktiven Reaktion folgen und so schnell wie möglich Sex haben? Und wie ginge es dir danach? Würdest du dich dann auch noch gut fühlen? Kann sein, dass das für dich ganz in Ordnung ist. Es kann aber auch sein, dass du es machst und Zweifel aufkommen oder du verwirrt und durcheinander bist. Und die andere Frage, die du dir stellen kannst, ist, ob du gegenüber dem Mädchen wirklich angemessen gehandelt hast? Auch hier gilt: **Im Spiel von Provokation und Attraktion tragen sowohl Jungen als auch Mädchen die Verantwortung für respektvolle Grenzen im Umgang miteinander.**

Je länger, desto besser?

Macht es einen Unterschied, wie lang der Penis ist?

Wenn es um heißen Sex geht, gehen die Meinungen auseinander. Eine Meinung ist, dass es nicht viel Unterschied macht, wie lang oder wie groß ein Penis ist, andere sagen, dass ein längerer und besonders ein dickerer Penis einen größeren Effekt habe. Wie dem auch sei, beim coolen Sex spielen die Maße des Penis keine Rolle. In Kapitel 6 kannst du mehr darüber erfahren. Beim coolen Sex geht es um Energie, die allein durch den Kontakt und die Teamarbeit eurer Genitalien entsteht. Die übliche Rein-raus-Bewegung des Penis ist nicht notwendig, und es ist auch nicht wichtig, wie groß der Penis oder wie eng die Vagina ist. Außerdem stimmt beim coolen Sex nicht: „Je härter, desto besser". Manche Männer sagen, dass der Penis beim coolen Sex, wenn er nicht ganz so stahlhart ist, viel sensibler ist, mehr spürt und wahrnimmt und deswegen sowohl der Frau als auch dem Mann große Hochgefühle gibt.

Männliche Kraft

Vielleicht denkst du: Moment mal, keine Ejakulation, Entspannung statt Erregung, sanfte Berührung? Was bleibt dann noch? Oder du denkst: Männer finden heißen Sex besser, weil sie ziel- und leistungsorientierter sind, nicht nur, was den Sex angeht, sondern generell im Leben. Aber **es gibt Gründe, warum cooler Sex gerade für junge Männer Vorteile hat:** Mit coolem Sex kannst du ohne Leistungsdruck viel länger Sex haben! Und das heißt: Es springt mehr für dich und deine Freundin dabei heraus.

In einer festen Partnerschaft hat man mit coolem Sex mehr Chancen, dass der Sex auch langfristig gut bleiben wird. Wenn z. B. deine Freundin weniger Sex will als du, dann kann cooler Sex ausgleichend wirken, weil er nicht der üblichen Stereotype des Rein-raus-Sex folgt, sondern auf die Verbindung (Penis in der Vagina) hinausläuft. Mit coolem Sex seid ihr auch nicht im Muster von „Eroberung und Zurückweisung" gefangen, wie das oft zwischen Männern und Frauen der Fall ist. Wenn man heißen Sex gewohnt ist, wird man zunächst nicht ganz

so viel spüren, wenn man anfängt, cool zu bleiben. Die Genitalien sind durch die Reibung und die Spannung, die zum heißen Sex gehören, einfach abgestumpfter, spüren weniger. Das kann am Anfang echt eine Enttäuschung sein! Lass dich also bloß nicht entmutigen und gib nicht auf, es braucht einfach ein bisschen Zeit, bis das feine, weiche und sanfte Spüren wieder möglich ist. Auch wenn man sagt, dass Jungen mehr an Sex denken als an Liebe, wollen beide eigentlich das Gleiche – auf liebevolle Art schönen und guten Sex haben. Die Herausforderung für dich als junger Mann liegt darin, während des Liebemachens wirklich aufmerksam mit deiner Partnerin zu sein und das Ziel Orgasmus zwischendurch auch einfach mal zu vergessen.

„Jeder Mensch trägt ja eine männliche und eine weibliche Seite in sich. Manchmal haben Jungen Angst, ihre Sensitivität zu zeigen und schämen sich deswegen. Sie fühlen sich unsicher, was ihre weibliche Seite angeht, sehnen sich aber auch danach, sie zu integrieren."

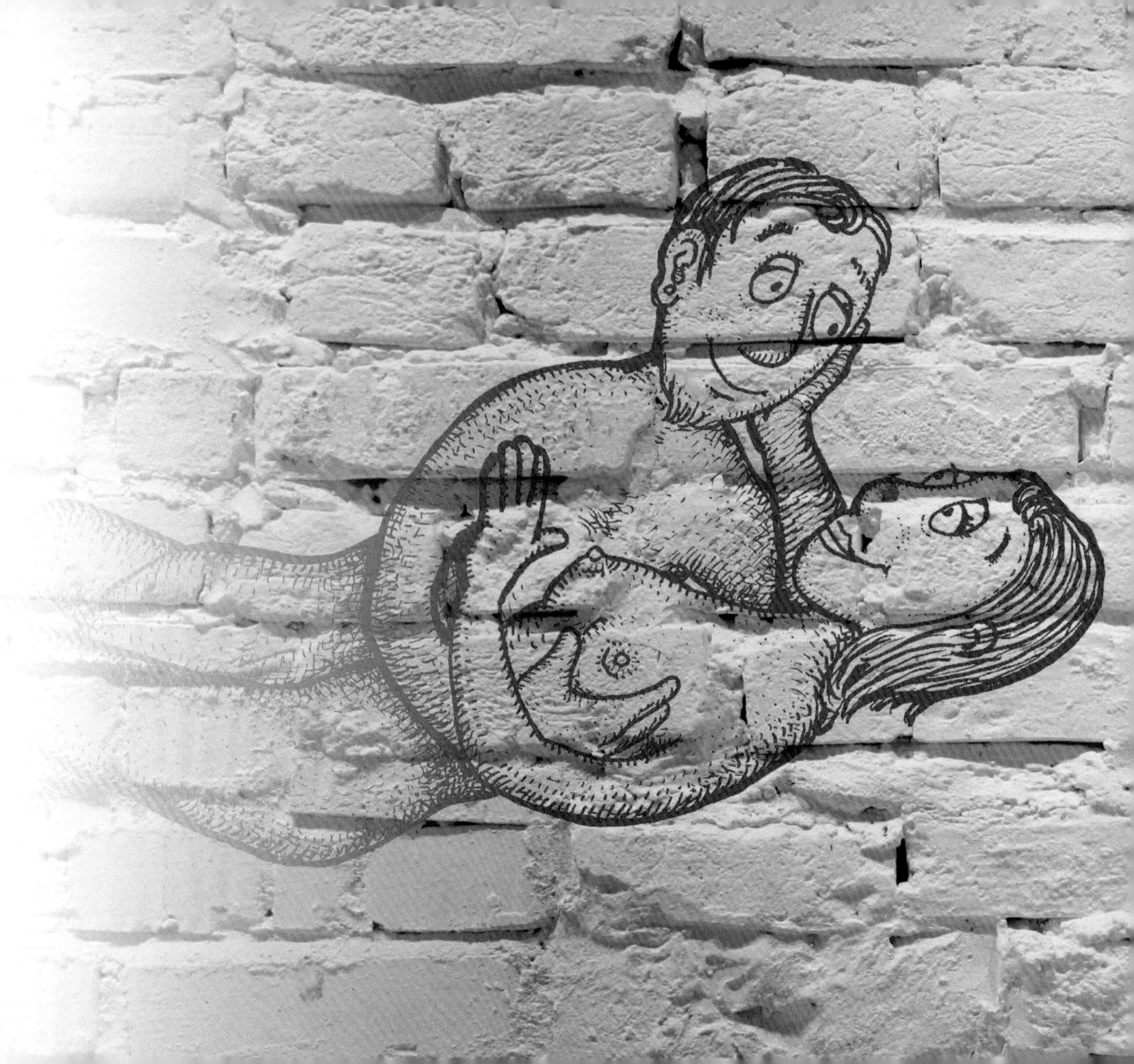

Kapitel 6

Cooler Sex – ganz praktisch

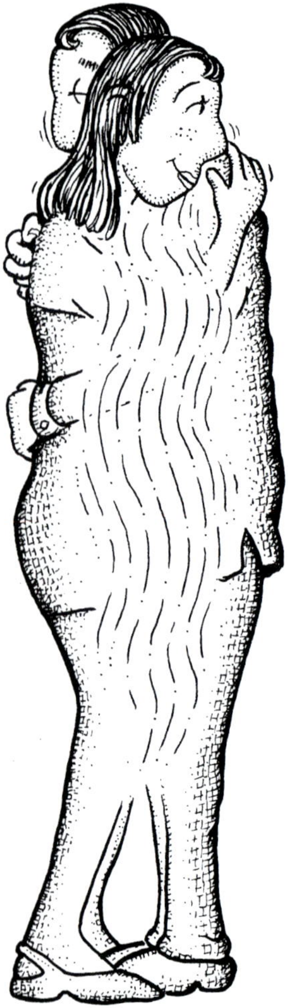

Übung: Beim Umarmen verschmelzen

Probiert mal die aus, bei der man miteinander verschmilzt. Bei der Umarmung steht ihr beide mit euren Füßen fest auf dem Boden und eure Körper berühren sich auf ganzer Länge. Du schiebst also nicht dein Gesäß nach hinten, sondern eure Becken liegen aneinander. Wenn einer von euch sehr viel größer ist, kann der Größere mit geradem Rücken etwas in die Knie gehen, so dass ihr wieder zusammen passt. Dann atmet ihr ruhig und tief und seid so entspannt, wie ihr könnt. Vielleicht spürt ihr, wie ihr buchstäblich mit dem anderen verschmelzt. Achtet darauf, dass jeder nach wie vor fest auf seinen Beinen steht. Wenn es sich so anfühlt, als sei es genug, dann lasst einander ohne große Worte wieder los und seht euch in die Augen.

Übung: Lippenkuss

Wenn man verliebt ist, ist es toll, sich mit der Zunge zu küssen („französischer" Kuss), wenn man sich zum Beispiel nach einer Trennung wiedersieht. Die Lippen aber gegenseitig sanft und süß zusammenbringen, ohne Zunge, ist eine traumhaft schöne Alternative zum Zungenkuss. Du wirst feststellen, dass da ein ganz anderer, inniger Kontakt zwischen euch entsteht und ihr euch länger küssen könnt.

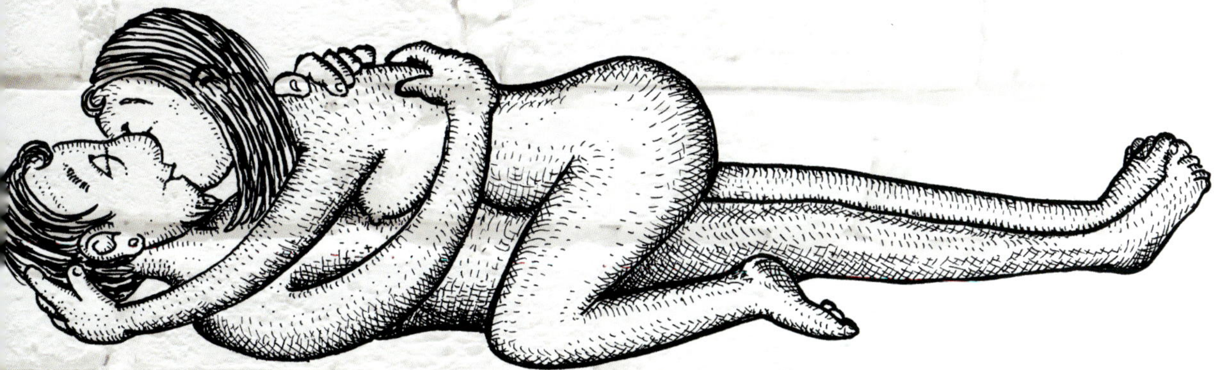

Wo ist »es« am besten?

Es gibt viele Orte, an denen du Sex haben kannst: im Bett, auf dem Fußboden, im Freien, in der Dusche, auf dem Sofa … Um euch beim coolen Sex so richtig wohlzufühlen, braucht ihr einen Ort, an dem ihr euch entspannen könnt, wo ihr viel Platz für euch habt und für ein paar Stunden ungestört seid. Wenn ihr kein Doppelbett habt, tut es auch eine breite Matratze auf dem Boden.

Aufwärmen oder abkühlen?

Bei coolem Sex ist die Grenze zwischen Vorspiel und dem, was folgt, nicht klar zu definieren. Denn der Fokus liegt ja darauf, sich mehr und mehr zu entspannen und Erregung und „Hitze" nicht in die Höhe schießen zu lassen. Der erste Schritt besteht darin, die Empfindungsfähigkeit der positiven Pole (siehe S. 33) entspannt und ohne Druck zu beleben. Bei der Frau liegt der positive Pol im Bereich der Brust. Das bedeutet, dass der Fokus zu Beginn der Begegnung auf ihren Brüsten liegt und nicht direkt auf ihrer Vagina und Klitoris. Das Mädchen kann ihre eigenen Brüste eine Weile halten oder ihr Freund kann das tun; oder die Brüste massieren, sie liebkosen oder sanft und zart küssen. Es kann sein, dass es ein bisschen Zeit braucht, bis das Mädchen das richtig genießen kann. Die Berührung braucht nicht kräftig oder fest zu sein. Du kannst damit experimentieren, wie es ist, wenn du ihre Nippel mit deinen Zeigefingern oder der Innenfläche deiner Hände ganz leicht berührst oder an ihnen längs streichst.

Es stärkt die Verbindung des Jungen zu seinem positiven Pol, wenn die Freundin seinen Penis hält und das Perineum (Damm), den Bereich zwischen Hoden und Anus, berührt. Zum Beispiel kann sie die Hand um seine Hoden legen und mit den Fingerspitzen dabei das Perineum zart berühren. Wenn du seinen Penis behutsam und mit deiner ganzen Aufmerksamkeit berührst, dann fühlt dein Partner, dass sein Penis „geliebt" wird, statt einfach nur stumpf und automatisch auf Touren gebracht werden soll. Es stimmt, dass das männliche Geschlecht zwar feste Berührung und starke Bewegung gewohnt ist und Männer sagen würden, dass sie es so am liebsten mögen. Aber zu feste und zu starke Berührungen können dazu führen, dass der Mann vorzeitig ejakuliert.

Sex mit Kondom

Wenn du Sex mit Kondom hast, dann streife es früh über. Ein Penis muss dafür nicht unbedingt steif sein! Das Kondom früh überzuziehen verhindert den Stress, zu einem späteren Zeitpunkt für Schutz sorgen zu müssen und bedeutet auch, dass sich das Mädchen entspannen und öffnen kann, ohne Angst zu haben, schwanger zu werden. Wenn man gut Acht gibt, kann ein Kondom lange Zeit auf dem Penis bleiben, auch wenn der Penis weich ist. Wenn du ein Kondom über einen weichen Penis streifst, zieh zuerst die Vorhaut ganz nach hinten.

Nicht unbedingt

Obwohl viele Menschen denken, dass die Verbindung Penis–Vagina das eigentliche Ziel beim Sex ist, kann man natürlich auch anders zusammensein. Zum Beispiel: Küssen, sich liebkosen, streicheln, schmusen oder sich massieren. Wenn ihr das auf die „coole Art“ machen wollt, dann lasst einfach die Vorstellung beiseite, dass es um Erregung und Höhepunkte gehen muss. Beim heißen Sex steigert ihr die Spannung, beim coolen Sex bleibt ihr in der Entspannung. Wenn ihr beim coolen Sex den Penis oder die Brüste berührt, ist die Qualität der Berührung anders als beim heißen Sex. Zum Beispiel kannst du sehen, was passiert, wenn du deine Hand sanft auf das Schambein deiner Freundin legst und sie dort einfach liegen lässt – das wird ihr helfen, nach innen zu spüren und einen zarten Energiestrom zu fühlen. Du kannst auch wahrnehmen, was du spürst, wenn du eine Hand auf ihren positiven Pol und die andere auf den negativen, empfangenden Pol (siehe Kapitel 3) legst. Vielleicht kannst du spüren, wie ein hauchfeiner Energiefluss einsetzt. Und wenn du erst einmal diese feinen Ebenen wahrnimmst, bringt dich das in einen wahren Rausch der Sinne. Beschränke dich beim coolen Sex auf Lippenküsse. Intensive Zungenküsse lassen die Erregung rapide ansteigen und heißer Sex ist dann schon fast vorprogrammiert. Ihr könnt euch immer wieder in die Augen schauen und sprecht auch ab und zu darüber, was ihr gerade erlebt. Experimentiert damit, ganz nah beieinander zu liegen. Dabei könnt ihr ausprobieren, wie es ist, zusammen ein- und auszuatmen oder sich beim Atmen abzuwechseln: während der eine einatmet, atmet der andere aus. Das könnt ihr mit unterschiedlichen Berührungen verbinden, euch streicheln oder massieren, dabei könnt ihr auch angezogen sein. Wenn ein Moment kommt, bei dem ihr das Gefühl habt, dass die Erregung zunimmt, könnt ihr ausprobieren, wie es ist, wenn ihr dann gar nichts macht. Zum Beispiel seid ihr eng umschlungen und euch überkommt die totale Leidenschaft: Wie fühlt sich das an, einfach nichts damit zu tun? Atmet langsam und tief, achtet auf das Gefühl in eurem Körper und lasst euch davon überraschen, was als Nächstes passiert.

Und dann ... ? Auch wenn ihr es genießen könnt, über lange Zeit miteinander zärtlich zu sein, ganz ohne dass „es“ passiert, möchten doch die meisten an irgendeinem Punkt weitergehen. Das wundert nicht, denn dass Penis und Vagina zusammenkommen ist natürlich auch beim coolen Sex ganz wichtig. Die entgegengesetzten Pole im Körper von Mann und Frau treffen direkt aufeinander und das ist etwas ganz Besonderes.

Übung:
Deine sexuelle Energie aktivieren.

Mit dieser Übung stärkst du deine Sex- und Lebensenergie. Du bewegst dabei dein Becken und atmest in einem bestimmten Rhythmus. Setze dich im Schneidersitz auf ein festes Kissen und lege eine Hand ganz sanft auf deine Genitalien. Dein Rücken ist gerade. Die andere Hand hältst du mit der Handfläche nach oben in Höhe deines Beckens und bewegst sie langsam bis über deinen Kopf nach oben. Atme durch den Mund ein. Dann drehe die Handfläche nach unten und bewege die Hand wieder nach unten, während du langsam ausatmest. Das wiederhole ein paar Mal.

Dann bewege in diesem Rhythmus gleichzeitig auch dein Becken. Wenn du einatmest, spannst du die Muskeln im Beckenboden an. Das sind die gleichen Muskeln, die du anspannst, um deinen Urin anzuhalten. Dabei geht dein Becken etwas nach hinten und du gehst ein bisschen ins Hohlkreuz. Beim Ausatmen lasse die Anspannung wieder los. Deine Hand geht im Rhythmus deines Atems weiter auf und ab. Atme durch den Mund – ein bisschen tiefer als sonst. Wenn du willst, kannst du auch einen Ton von dir geben, auch wenn du dir vielleicht etwas blöd dabei vorkommst. Das ist ungewohnt, aber wirkungsvoll – die Töne können die Wirkung der Übung verstärken.

Mache das ungefähr 15 Minuten, dann entspanne dich, lege dich hin und achte darauf, was in deinem Körper passiert und wie er sich von innen anfühlt. Dieses kleine Training wird dein sexuelles Erleben intensivieren, und du wirst dich im Alltag lebendiger und voller Energie fühlen.

Bitte anklopfen

Jungen haben die Tendenz, oft zu früh in das Mädchen einzudringen. Wie wir weiter oben beschrieben haben, ist es wichtig, dass das Mädchen genügend Zeit hat, damit ihr Körper sich öffnen kann und sie sich wirklich bereit fühlt. Dann wird da im wörtlichen Sinne auch „Platz“ sein, damit er sich gut in sie hineinbewegen kann. Diese Vorbereitung kann im Voraus, allein oder zusammen geschehen, indem ihren Brüsten (gebender, positiver Pol) Aufmerksamkeit geschenkt wird. Von hier aus fließt dann die Energie ganz natürlich in die Vagina (negativer, empfangender Pol) über. So ist der Körper des Mädchens wirklich „offen“ für den Jungen. Wenn das Mädchen dir ein Zeichen gibt, dass sie bereit ist, lass dir ganz viel Zeit, um in sie hineinzukommen. Das heißt, geh ganz langsam vor. Je bewusster und langsamer das Hineingehen geschieht, desto mehr können Penis und Vagina empfinden. Du kannst sogar ein Spiel daraus machen, indem du das Hineinkommen hinauszögerst und erst ganz langsam in sie gehst, wenn sie dich ein paar Mal darum gebeten hat. So kann daraus eine sehr intensive und schöne Erfahrung werden!

Wie sich bewegen?

Wenn der Penis in der Vagina ist, besteht die Tendenz, erregt zu werden und sich heftig zu bewegen. Dann wird der Sex wieder heiß und will nur noch auf ein Ziel hinaus, und es kann unter Umständen ziemlich mechanisch ablaufen. Das kann okay sein, aber festes und hartes Stoßen ist nicht das beste Mittel, um ein Mädchen in den siebten Himmel zu bringen. Statt zu stoßen und zu pumpen bewegst du dich beim coolen Sex ruhig und mit weichen Bewegungen in der Vagina. Dein Penis kann so die Vagina an verschiedenen Stellen berühren. Meist sind diese eher runden Bewegungen viel angenehmer für das Mädchen als die übliche Rein-raus-Nummer. Du kannst auch ausprobieren, wie es sich anfühlt, wenn du (vorsichtig und behutsam) tiefer in die Vagina hineingehst und dann ganz aufhörst, dich zu bewegen und mit deiner Aufmerksamkeit in die Spitze deines Penis gehst und... wartest. Dies kann bei beiden ein ganz besonderes Gefühl entstehen lassen: ein tiefes, feines, elektrisierendes Prickeln und Strömen im Penis und in der Vagina, vielleicht auch im ganzen Körper. Dabei fühlst du dich dem anderen ganz nah und verbunden. (siehe auch „tiefe Penetration“ weiter unten in diesem Abschnitt). In diesem Buch reden wir über heterosexuellen Sex. Es gibt aber auch ein paar Vorschläge für schwule und lesbische Beziehungen in den Anmerkungen am Ende dieses Kapitels und in Kapitel 7.

Verschiedene Stellungen

Relativ leicht und spielerisch könnt ihr eure Stellung immer wieder ändern, ohne Penis und Vagina voneinander zu trennen. Ihr könnt nebeneinander liegen, aufeinander, hintereinander. Wir sagen dazu „rotierende Stellungen“, bei denen es darum geht, sich um die Verbindung von Penis und Vagina zu bewegen. Natürlich kann es passieren, dass der Penis herausrutscht, aber dann schiebst du ihn einfach wieder hinein. Sieh dir die Illustrationen auf den nachfolgenden Seiten an, dann bekommst du einen Eindruck davon.

Es gibt eine bestimmte Stellung, die in Asien „Yab Yum" genannt wird. Das ist eine angenehme, sitzende Position, bei der das Mädchen (bei anderen Paarkonstellationen: der/die Leichteste/Kleinere) auf dem Schoß des Jungen sitzt und zur Unterstützung vielleicht noch ein Kissen unterm Po hat. Eure Wirbelsäulen sollten grade sein, sodass ihr mehr spürt. Außerdem könnt ihr euch in dieser Haltung gut küssen, streicheln und ansehen. (siehe Illu) Vielleicht hast du schon mal was vom „Kamasutra" gehört, einem antiken indischen Buch über Liebe und Sexualität, das viele Stellungen zum Liebemachen beschreibt. Obwohl so ein Buch Anregungen geben kann, geht es in unserem Ansatz mehr darum, sich aus dem Gefühl heraus zu bewegen und nicht den Kopf voller Techniken zu haben. Spürt einfach nach, welche Positionen eure Körper ganz von alleine einnehmen wollen, während sie Liebe machen. Beim coolen Sex lasst euch zwischendurch Zeit zum entspannen, stillliegen und zu spüren, was ihr fühlt und was in eurem Körper vor sich geht. Am Anfang kann das etwas ungewohnt sein, weil wir daran gewöhnt sind, uns viel zu bewegen. Sehr oft fängt man an sich zu bewegen, wenn man nicht viel spürt, damit das Erregungsniveau wieder ansteigen kann. Das kann dich dann in die Zone von heißem Sex bringen, es sei denn, du entscheidest dich einfach wieder dazu, in die coole Zone zurückzukehren.

Orgasmus: Ja oder Nein?

Was kannst du tun, wenn Erregung mal wieder die Oberhand gewinnt? Versuche, dich schon weit vor dem Höhepunkt zu entspannen und dir vorzustellen, dass deine Energie auf der Innenseite deines Körpers aufwärts fließt. Obwohl du einen Orgasmus nicht unbedingt unterbrechen musst, könntest du einfach mal nachspüren, wie es sich anfühlt, keinen zu haben. Das funktioniert am besten, wenn du die heiße Zone so weiträumig wie möglich umgehst. Zu Beginn kann es sich merkwürdig oder komisch anfühlen, am Ende nicht (immer) zu ejakulieren, denn das setzt dem Sex ein klares Ende! Aber wenn du deine Forschungsreise fortsetzt, kannst du vieles entdecken und wundervolle Erfahrungen machen, auch wenn es kein „klassisches“ Ende gibt. Es gibt viele Möglichkeiten, Sex zu beenden – außer einem Orgasmus. Euer Zusammensein ist dann einfach zu Ende, wenn ihr das Gefühl habt „jetzt ist es gut“. Das kann so sein beim Küssen, sich berühren, wenn ihr einfach eine Weile ineinander ward oder ihr nebeneinander liegt und euch in die Augen schaut.

Was tun, wenn es zu heiß wird?

Wenn du spürst, dass es heißer und heißer zwischen euch wird, kannst du dich dem entweder überlassen oder in die coole Zone zurückkehren. Hierzu ein paar Tipps:

- Massiert euch gegenseitig die Kopfhaut mit den Fingerspitzen. Das wird eure Aufmerksamkeit mehr nach oben lenken.
- Legt euch in die „Löffelchen"-Position, wobei ihr hintereinander auf der Seite liegt. Derjenige, der hinter dem anderen liegt, legt eine Hand vorsichtig auf die Genitalien des vorderen und lässt sie einfach dort liegen (ohne zu stimulieren). Atmet tief und langsam.
- Lachen löst Spannung im Allgemeinen, also auch die Spannung, die dich im Sex heiß werden lässt.
- Erzählt euch gegenseitig, was in euch vorgeht: „Jetzt fühle ich mehr Erregung". Für den Fall, dass du einen Orgasmus bekommst, sage es, schau dem anderen dabei in die Augen und lass es so entspannt wie möglich geschehen. Werde weich und nimm einen Atemzug, bleibe mit deinem Partner in Verbindung.

Sex ohne Erektion?

Ist es möglich ohne eine Erektion Sex zu haben? Ja, das ist es! Du kannst es ausprobieren, wenn dein Penis nicht ganz so hart ist, wie du es vielleicht gewohnt bist. Statt verzweifelt zu versuchen, durch schnellere und festere Bewegungen wieder eine Erektion zu bekommen, nutze die Chance, eure Körper entspannt zusammenzubringen. Ihr könnt also auch ohne Erektion jederzeit Liebe machen. Wir nennen es „sanftes Einführen". Für deine ultimative coole Sex-Erfahrung ist das ein wunderbarer Anfang, denn auf diese Weise beginnt ihr eure Sex-Reise im wahrsten Sinne des Wortes mit Entspannung.

Das sanfte Einführen

Sanfte Penetration

Für den Anfang ist es gut, die Aufmerksamkeit auf euren jeweiligen positiven Pol zu richten, um mit der eigenen Energie in Kontakt zu gehen. Das könnt ihr tun, wenn ihr nebeneinander liegt: dazu legt jeder seine Hände auf den entsprechenden positiven Pol – beim Mädchen auf die Brüste, beim Jungen auf die Peniswurzel. Macht das 5 bis 10 Minuten, während ihr tief und ruhig atmet. Wenn ihr beide das Gefühl habt, dass es gut so ist, legt euch in die „Scherenposition". Diese Position braucht ein wenig Übung, bis man sie hinbekommt ... Der Junge liegt auf der Seite und das Mädchen auf dem Rücken. Die Beine überkreuzen sich, so dass eure Genitalien dicht beieinander liegen (siehe Illu auf der nächsten Seite). Die Köpfe sind in dieser Position weiter auseinander als gewohnt, eure Körper bilden fast einen 90° Winkel zueinander. Auch wenn es euch merkwürdig vorkommt, dies ist die beste Position, wenn man das sanfte Einführen ausprobieren will. Die sanfte Penetration braucht Feuchtigkeit, sorgt also dafür, dass ihr immer ein Gleitmittel zur Hand habt. Bevor ihr loslegt, tragt ein wenig Gleitmittel auf die Innenseite der Vagina auf, dann schiebt die Vorhaut des Penis zurück. Das Mädchen fasst den Penis unterhalb der Eichel an und hält ihn zwischen Zeige- und Mittelfinger. Dann schiebt sie den weichen Penis vorsichtig, Stück für Stück, in ihre Vagina hinein. Beim ersten Mal ist man dabei oft nicht gleich erfolgreich, vielleicht müsst ihr sogar lachen und dadurch rutscht der Penis wieder raus, wenn sich die Muskeln der Vagina zusammenziehen. Also probiert es ruhig ein paar Mal! Wenn ihr Kondome benutzt, dann auch beim sanften Einführen. Ein Kondom kann über einen weichen Penis gestreift werden. Wird der weiche Penis beim Hineingehen steif, dann schiebt den erigierten Penis in die Vagina und entspannt euch wieder. Denn während des „sanften Einführens" kann der Penis spontan steif und wieder weich werden und das kann auch im Wechsel immer wieder geschehen.

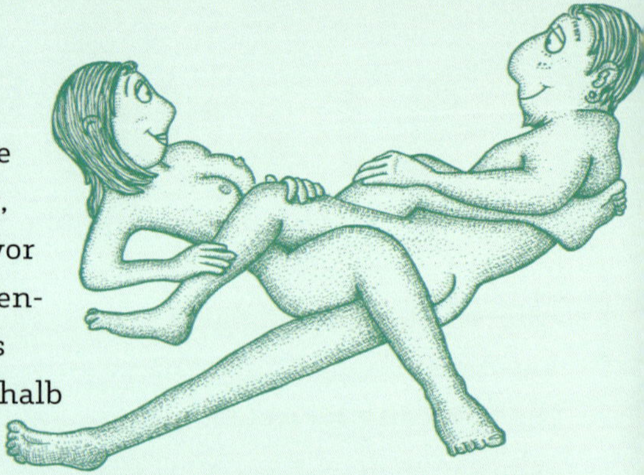

Denkt daran, dass man bei bestimmten Gleitmitteln vorsichtig sein muss, wenn man Kondome benutzt. Natürliche Pflanzenöle haben die Eigenschaft, Gummi zu zersetzen. Kondome sind aus Gummi, deswegen empfehlen wir synthetische Gleitmittel. Um geschützt zu sein, vergewissert euch, dass das Kondom, während ihr Sex habt, auf dem Penis bleibt.

Wenn ihr beieinander liegt und der Penis wieder weich wird, schaut erst einmal, was geschieht, wenn ihr eine Weile liegenbleibt, eure Aufmerksamkeit auf euren Atem lenkt und euch auf euren positiven Pol zentriert. Ihr könnt sanften Augenkontakt machen, braucht ihn aber nicht die ganze Zeit zu halten. Die Augen können auch geschlossen sein. Die ersten paar Male, an denen ihr die sanfte Penetration ausprobiert, spürt ihr vielleicht nicht besonders viel, aber wenn ihr es immer wieder probiert und mit Aufmerksamkeit atmet, werdet ihr eine größere Sensibilität entwickeln. Dann werdet ihr viel weniger Reibung oder sogar gar keine benötigen, um etwas zu spüren.

Wenn ihr in der Scherenstellung begonnen habt, dann kommt sicher ein Moment, an dem ihr enger zusammen liegen wollt. Wenn ihr herausgefunden habt, wie die Scherenstellung für die sanfte Penetration funktioniert, könnt ihr zu einer anderen Stellung übergehen, während der (weiche oder steife) Penis in der Vagina bleibt. Angenommen der Mann liegt auf der rechten Seite, dann kann er seine Position verändern, indem er auf seine Knie rollt. Er hebt das linke Bein der Frau an, das obenauf lag, und schiebt seins darunter. Dies ist eine gute Position, weil man den anderen sehen kann, reden oder zusammen still sein, sich küssen und einander liebkosen kann.Viele schöne und neue Erlebnisse warten auf euch, wenn ihr das sanfte Einführen regelmäßig übt. Ihr werdet feststellen, dass es sich positiv auf eure Beziehung auswirkt, wenn ihr euch so miteinander verbindet. Weil ihr dafür nicht besonders erregt zu sein braucht, könnt ihr das immer wieder machen, wenn ihr zusammen seid.

„Das erste Mal, als wir das sanfte Einführen ausprobiert haben, war wirklich nicht so doll. Für meine Freundin war es schwierig, den Penis aufzunehmen, und als er drin war, hab ich nichts gefühlt. Wir haben es später nochmal probiert und irgendwann habe ich nach einer Weile gespürt, wie mein Penis in ihr wuchs. Das war etwas ganz Besonderes, weil ich nicht die gewohnte Erregung einer Erektion gefühlt habe. Es war ganz anders als heißer Sex und fühlte sich total toll an."

„Wir verabreden uns einmal die Woche zu coolem Sex. Wir legen uns hin, ohne dass wir uns vorher gegenseitig erregen und dann kommt er in mich rein, während er weich ist. Anfangs war das sehr merkwürdig und wir haben echt gelacht. Aber inzwischen sind wir mit all dem sehr vertraut. Wir sehen uns normalerweise erst einmal eine Weile an und fangen dann an, uns sanft zu bewegen. Inzwischen können wir sogar die Stellungen variieren, ohne dass er aus mir rausrutscht. Manchmal tun wir gar nichts, entspannen uns und schlafen einfach so ein. Diese Art Sex ist vielleicht nicht super aufregend, aber es stimmt, dass unsere Beziehung dadurch in letzter Zeit besser und harmonischer geworden ist. Ich spüre immer sehr viel Zuneigung, wenn wir so Liebe machen."

Tiefe Penetration

Die „Tiefe Penetration“ ist eine besondere Variante des coolen Sex. Im Gegensatz zur „weichen Penetration“ ist diese nur möglich, wenn eine Erektion da ist. Der Mann geht mit seinem Penis sanft und Stück für Stück immer tiefer in die Vagina hinein, bis er den tiefsten Punkt erreicht hat. Die Position, bei der der Mann auf seinen Knien ist und sie auf ihrem Rücken liegt und die Beine angezogen hat, ist eine gute Stellung dafür. Hier muss man sehr langsam und behutsam sein; wenn du zu schnell oder zu forsch bist, wird sich die Vagina anspannen, um sich zu schützen und dich deshalb auf Distanz halten, statt dich im tiefsten Innern zu empfangen.

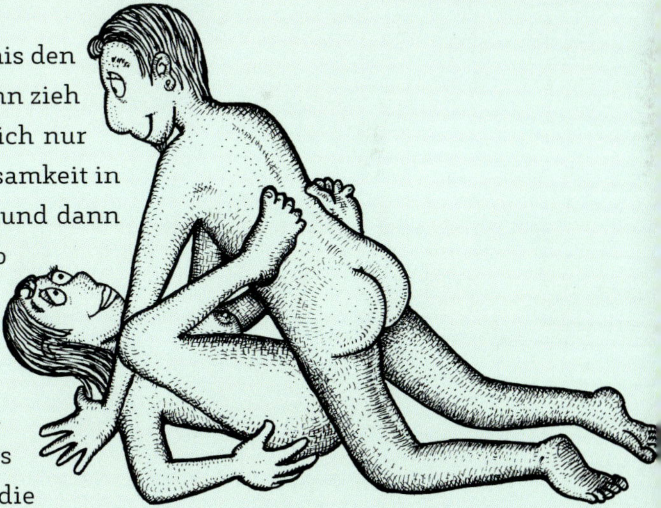

Wenn du spürst, dass die Spitze deines Penis den tiefsten Punkt der Vagina erreicht hat, dann zieh dich einen Millimeter zurück, aber wirklich nur ein winziges Stück. Lenke deine Aufmerksamkeit in deine Penisspitze und in dein Perineum, und dann bleibe da, ohne dich groß zu bewegen.So treffen sich der „positive Pol“ des Mannes und der „negative Pol“ der Frau am tiefsten Punkt. Das kann für beide ein großartiges Erlebnis sein. Wenn das Mädchen in irgendeiner Weise Schmerzen spürt, ist es wichtig, dass sie es sagt und dass die

Bewegung „stoppen“ soll. Es kann manchmal sein, dass es genau an einer Stelle Verspannungen gibt, die sich als Schmerz äußern. Diese Art von Schmerz möchte geheilt werden, bevor ihr diese spezielle Weise Liebe zu machen wirklich ganz und gar genießen könnt. Das werden wir im nächsten Abschnitt genau erklären.

„Als ich als Kind das erste Mal von Sex hörte, dachte ich, dass der Mann in die Frau reingeht und da dann still und ruhig drin bleibt. Später habe ich dann alle möglichen Geschichten gehört, Pornos gesehen und so weiter und ich dachte: Oh, anscheinend muss man sich viel bewegen, stoßen und so Zeug. Jetzt, wo ich coolen Sex kennengelernt habe, denke ich: Okay, das ist, was ich als Kind gedacht habe, also lag ich da gar nicht so falsch.“

Tiefe Penetration zum „Heilen“

Wir haben bereits weiter oben davon gesprochen, dass Spannungen in der Vagina gespeichert sein können (siehe Kapitel 4). Diese Spannungen können so tief liegen, dass die Vagina unempfindlich oder taub geworden ist. Trotzdem kann jede Frau hier gleichzeitig natürlich auch Angenehmes spüren. Diese Spannungen in der Vagina kann auf wundersame Weise der Penis auflösen, weil er Heilungskräfte hat.

Die Penisspitze, die Eichel, funktioniert nämlich so, dass sie alte Spannungen und Erinnerungen auflösen kann. Wann auch immer du als Mädchen beim Sex Schmerzen und Spannungen tief in der Vagina spürst, sag dem Jungen, er soll sich nicht bewegen und stillhalten und sich ein, zwei Millimeter (mehr nicht) zurückziehen, damit er keinen Druck auf den Punkt ausübt, der wehtut – und da bleiben.

Natürlich kannst du deinen Freund bitten, ganz aus dir rauszugehen, wenn es dir zu schmerzhaft oder unangenehm ist. Aber wenn ihr beide dabei bleibt, könnt ihr experimentieren und sehen, was passiert. Atmet ruhig weiter während der Penis so lange an der schmerzhaften Stelle bleibt, wie es sich für euch beide richtig anfühlt. Am Ende kann es sein, dass du ein wenig zitterst oder weinst, wenn sich die Spannung auflöst, oder vielleicht musst du einfach auch lachen. Egal was, lass es zu, denn dein Körper kann die Spannung so loslassen. Du brauchst nicht nach den Ursachen zu graben oder irgendeine Erklärung finden. Erlaube einfach die Gefühle, die da sind. Es wird sich gut anfühlen, danach eine Weile ruhig zusammenzuliegen. Wenn diese Art der Penetration mit liebevoller Aufmerksamkeit geschieht, ist sie für das Mädchen und den Jungen heilend. Es kann passieren, dass bei dieser Art von Sex der Penis plötzlich weich wird. Das ist kein Problem! Bleib einfach ruhig dabei und hab Vertrauen, dass dein Körper dir grad signalisiert, dass er eine Pause braucht. Später kann dein Penis dann plötzlich wieder fester werden.

Wir nennen dies „tiefe Penetration“, weil die Spannungen gewöhnlich tief in der Vagina „gespeichert“ sind. Es ist jedoch auch möglich, dass Spannung und Schmerzen an jedem anderen Punkt entlang den Wänden der Vagina sowie am Eingang zu spüren sind. Tiefe Penetration braucht viel gegenseitiges Vertrauen. Und eine Heilung kann nur geschehen, wenn ihr beide dafür offen seid. Das Mädchen muss wissen, wo ihre Grenzen liegen und das signalisieren und der Junge sollte mit seinem Penis vorsichtig und ruhig sein. Diesen heilenden Effekt hat der Penis übrigens auch dann, wenn ein Kondom übergezogen ist.

Anmerkung: Wenn du regelmäßig Schmerzen beim Sex hast, ist es wichtig, dass du dem Beachtung schenkst. Vergewissere dich zuerst, dass ihr euch genug Zeit für das Warmwerden lasst. Denk daran, dass der Körper von Mädchen mehr Zeit braucht, um sich zu öffnen, bevor du in sie hineingehst. Probiert auch aus, ob es einen Unterschied macht, wenn ihr Gleitmittel benutzt und euch langsam und sanft bewegt. Wenn ihr es beide ausprobieren wollt, könnt ihr mit der heilenden Wirkung der „tiefen Penetration“ experimentieren. Wenn ihr aber irgendwelche Zweifel habt, woran es liegt, dass es zu Schmerzen kommt oder es zu unangenehm wird, dann ist es ratsam den Frauenarzt aufzusuchen.

Tal-Orgasmus

Manchmal gibt es Augenblicke, in denen ihr in eine sehr tiefe Entspannung eintaucht, in der ihr das Gefühl habt „eins“ mit dem anderen zu werden und eine schöne, sanft vibrierende Energie in euren Körpern spürt. In diesen Momenten kann es zum „Tal-Orgasmus“ kommen. Das ist ein herrlich friedliches und beseelendes Erlebnis. Vielleicht hast du sogar das Gefühl von Ausdehnung und dass sich die Energie anfühlt, als würde sie in deinem Körper strömen und über ihn hinausgehen. Das fühlt sich an, als stände die Zeit still und das ist auch gemeint, wenn wir vom „orgasmischen Zustand“

sprechen. Ihr könnt diesen Zustand für euch allein erleben, aber auch als Paar. Auch wenn man über diese Erfahrungen noch viel mehr sagen könnte, werden wir uns in diesem Buch nicht allzu ausführlich damit beschäftigen. Wir möchten nicht, dass du Erwartungen entwickelst, weil es dann wieder als ein zu erreichendes Ziel im Kopf werden kann. Denn zu diesen Erfahrungen kommt es nur, wenn du ganz im Moment bist. Was du üben kannst, ist die Kunst, Dinge immer wieder neu zu erleben, Neues zu lernen und Liebe zu machen, ohne Erwartungen oder bestimmte Ergebnisse haben zu wollen.

„Wir haben einige Zeit damit verbracht, coolen Sex auszuprobieren, hatten aber auch immer noch normalen Sex. Es war sehr schön, aber irgendwann hatten wir das Gefühl, dass unsere Erfahrungen mit coolem Sex oberflächlich blieben, weil wir immer noch viel heißen Sex hatten. Wir haben oft gesagt, lass uns versuchen, cool zu bleiben. Aber das hat nicht so gut funktioniert. Dann sind wir es angegangen. Wenn wir es schafften für ein paar Wochen keinen zielorientierten Sex zu haben und beide nicht zu kommen, dann entwickelte sich eine starke Nähe zueinander. Dann passierte auf einmal so viel! Ich wurde empfindsamer und wir waren entspannter miteinander. Natürlich gab es Momente, in denen ich zum Beispiel immer noch sehr erregt war, ich mir aber dessen bewusst war. Ich konnte spüren, wie die heiße Energie in mir pulsierte und es trotzdem sein lassen, etwas damit zu „tun". In dem Moment wurde mir klar, wie heißer Sex zu einer Sucht werden kann und gleichzeitig auch etwas ist, das meine Sensitivität unterdrückt. Mein Herz fühlt sich unglaublich offen und wunderbar an."

Wie fühlst du dich hinterher?

Ein wichtiger Aspekt beim Sex ist, dass du darauf achtest, wie es dir danach geht. Denn das sagt eine Menge darüber aus, wie der Sex für dich war. Besonders, wenn du dich nicht so gut fühlst, ist es interessant herauszufinden, was während des Sex passiert ist, das unter Umständen dazu beigetragen hat, dass du dich so fühlst. Es kann sinnvoll sein, miteinander zu reden, auch wenn das nicht unbedingt zu einer langen Diskussion führen soll. Wenn ihr abends Sex hattet, ist es auch gut zu registrieren, wie du in der Nacht geschlafen hast. „Negative“ Reaktionen, wie sich abgeschnitten zu fühlen, Traurigkeit, Ruhelosigkeit oder sich gereizt und aggressiv zu fühlen, können innerhalb von Minuten oder aber auch Stunden nach heißem Sex auftauchen. Manchmal fällt dir sogar Tage später etwas auf. Die wichtigste Frage, die sich zu untersuchen lohnt, ist, ob du irgendeinen Zusammenhang feststellen kannst zwischen der Art, wie ihr Liebe gemacht habt und dem, wie du dich hinterher fühlst.

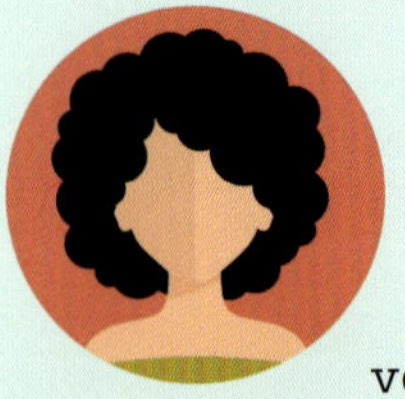

Andere Spielarten

In diesem Abschnitt haben wir ziemlich ausführlich über die Verbindung von Penis und Vagina gesprochen, die eine ganz besondere energetische Wechselwirkung hat. Natürlich gibt es viele andere Formen, sexuell miteinander zu sein.

Im sexuellen Austausch seid ihr natürlich auch, wenn einfach nur Hände, Mund und Lippen mit im Spiel sind. Wenn du dies auf die coole Art tun willst, dann lass deine Berührungen besonders liebevoll, sanft und aufmerksam sein. Halte den Augenkontakt. Versuche wahrzunehmen, was dich dazu bringt, einen Orgasmus haben zu wollen. Es gibt zum Beispiel eine ganz bestimmte Art, wie du deine Freundin mit dem Mund erregst, euer Tempo dabei immer schneller wird und es automatisch heißer hergeht. Jetzt könntest du einmal ausprobieren, das einfach mal ganz wegzulassen. Es geht ja darum, dem Partner zu helfen, sich zu entspannen und sich selbst mehr zu spüren, statt zu versuchen, den anderen anzuturnen und durch Stimulation und mechanische Berührung zu erregen. Was Analsex betrifft, ist es nicht so einfach, dabei „cool" zu bleiben. Energetisch gesehen ist das ein ganz anderer Kontakt als der zwischen dem Penis in der Vagina. Analsex hat meist – egal ob homo- oder heterosexuell – einen stark erregenden Charakter und läuft darauf hinaus, dass es mit viel Stimulation sehr schnell zum Orgasmus kommt. Das ist zwar aufregend, aber für coolen Sex heizt es (zu) sehr auf. Dennoch können wir sagen, dass du die Prinzipien von coolem Sex auf jede sexuelle Spielart anwenden kannst: entspannen, sich sanft und bewusst langsam bewegen, präsent sein, Augenkontakt haben und tief und ruhig atmen. Wichtig ist bei jeder Form von Sex, dass ihr nur dann und das tut, was ihr beide wirklich wollt. Im Sex etwas zu mögen oder etwas nicht zu mögen, ist (d)eine ganz persönliche Sache. Wenn sich etwas für dich nicht gut anfühlt, dann kannst du immer und jederzeit Nein sagen. Tue nichts, nur weil „alle anderen" es anscheinend machen.

„Ich habe immer gedacht, dass normaler Sex entspannt wäre. Aber jetzt, wo ich coolen Sex ausprobiert habe, spüre ich den Unterschied. Ich bin danach wirklich gut drauf."

Extra-Übungen

Ein Mädchen berühren

Du kannst die Vulva und Vagina ohne starke Erregung einfach entspannt und sanft befühlen. Wie fühlt es sich für dich an, sie innen zu berühren.

Für die Empfangende: Wie ist es so befühlt zu werden, ohne ein Ziel vor Augen zu haben? Ihr könnt euch beim Geben und Nehmen abwechseln. (Wir empfehlen hier kurze Fingernägel).

Streichle die ganze Beckengegend, die inneren Oberschenkel, innere und äußere Schamlippen, die Klitoris, den Muttermund, das Perineum, den Anus, in unterschiedlichen Abstufungen was die Intensität und Bewegung angeht – sei spielerisch dabei. Beobachte was der Augenkontakt dabei auslöst. (Um Infektionen zu vermeiden nicht nachdem der Anus berührt wurde, mit den Finger zur oder in die Vagina gehen).

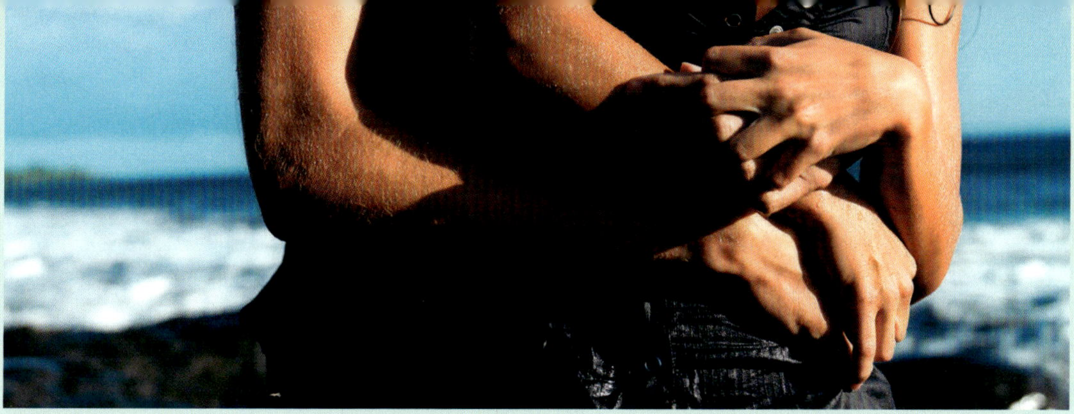

Einen Jungen berühren

Streichle seine ganze Beckengegend, die inneren Oberschenkel, Schambein, den Penis, die Hoden, das Perineum, den Anus. Auch hier gilt in unterschiedlichen Abstufungen was die Intensität und Bewegung angeht – sei spielerisch damit. Beobachte was Augenkontakt auslöst. Halte ab und zu den ganzen Penis in deiner Hand, liebevoll und bleibe dabei, ohne ihn zu stimulieren.

Wenn ihr als schwules Paar mit Analsex experimentieren wollt, penetriert (mit Kondom und Gleitgel) mit einer Erektion und dann entspannt euch beide und spürt euch. Dabei kannst du auch deine Erektion verlieren, das ist okay. Seid euch einfach bewusst, wie es sich anfühlt (für den Aktiven und den Passiven), wenn ihr euch total entspannt und keinem Ziel entgegengeht. Wechselt euch beim Aktiv- und Passivsein ab.

Mit Enttäuschungen umgehen

Trotz der vielen schönen Erfahrungen, die mit coolem Sex möglich sind, kann es manchmal Zeiten geben, in denen du dich einfach nicht entspannen kannst oder du einfach keine Lust hast, dem anderen in die Augen zu sehen. Manchmal kann es schon zu viel sein, mit dem anderen überhaupt in Kontakt zu gehen. Eine weitere mögliche Schwierigkeit kann entstehen, wenn du dich ganz weich und entspannt fühlst, aber dein Partner immer schneller wird und kommen will. Es kann auch sein, dass ihr, weil ihr ein paar Mal sagenhaft schöne Erfahrungen gemacht habt, weiter Großartiges erwartet und dann passiert beim nächsten Mal scheinbar gar nichts. All das ist Teil der sexuellen Reise und gehört dazu. Du kannst in schwierigen Momenten deinem Partner mitteilen, was in dir vorgeht: „Also, ich kann mich grad nicht richtig entspannen." Bleib dabei und versuche nicht, es krampfhaft zu verändern. Manchmal geschieht dann trotzdem etwas Neues ganz von selbst und was gerade noch heikel für dich war, löst sich in Luft auf.

Tisch und Bett

Liebevolle Intimität ist nicht aufs Bett beschränkt. Die verschmelzende Umarmung, die wir zu Beginn dieses Kapitels beschrieben haben, kann etwas sehr Schönes sein, das ihr mehr und mehr in eurem Alltag macht. Dein Körper und deine

Haut sehnen sich immer nach liebevoller Berührung. Deshalb kann man sich nie zuviel berühren, streicheln, küssen usw. Alle Prinzipien des coolen Sex kann man auch gut im nicht-sexuellem Zusammenhang anwenden. Ihr könnt Augenkontakt machen, wenn ihr mit jemandem sprecht oder euch darin erinnern, tief zu atmen. Während ihr fernseht, lernt oder arbeitet, könnt ihr den Körper entspannen; ihr könnt mitbekommen, wie ihr euch während einer schwierigen Unterhaltung fühlt; ihr könnt aufmerksam sein, wenn ihr den Arm um einen Freund legt, der es gerade schwer hat. Selbst beim Essen kann man bewusst und aufmerksam sein. Bringst du diese Art der Aufmerksamkeit mehr und mehr in deinen Alltag, wird das auch beim Sex selbstverständlicher und natürlicher.

Wie wirkt cooler Sex?

Wenn du meinst, dass cooler Sex etwas für dich ist, kannst du das unterschiedlich umsetzen. Entweder ganz „radikal", in dem du du die Prinzipien Schritt für Schritt und ganz konkret in dein Liebemachen bringst. Oder du nutzt die neuen Werkzeuge in deinem Alltag und lässt vielleicht ab und zu etwas davon in dein Sexleben mit einfließen. Selbst wenn du nur ein paar Vorschläge aus diesem Buch aufgreifst, wirst du die positiven Auswirkungen bemerken und auch beim heißen Sex bewusster sein. Du wirst mehr und feinere Energien in deinem Körper spüren. Dein Herz wird offener werden – auch für die Liebe. Es kann sein, dass du mehr Sex haben wirst und dass dir das auch mehr innere Ruhe gibt.

Und wenn nichts passiert?

Es kann sein, dass du auch nach mehreren Versuchen das Gefühl hast, dass beim „coolen Sex" nichts passiert, du nichts spürst. Wenn das so ist, dann ist es sicherlich gut, dir etwas zu suchen, was dich mehr mit dir selbst und deinem Körper in Kontakt bringt. Hier können dich Yoga, Tai Chi und unterschiedliche Arten von Massage gut unterstützen. Es gibt viele verschiedene Möglichkeiten, die helfen, vom Kopf (und vom Denken) in den Körper (und zum Fühlen) zu kommen und so deine Verbindung zu deiner Lebensenergie zu stärken. Wenn es alte Wunden in der Vergangenheit in Bezug auf Sex gibt, die du mit dir herumschleppst, dann solltest du dir professionelle Hilfe bei einem Therapeuten holen.

„Jetzt, wo wir eine Zeitlang coolen Sex gehabt haben, merke ich den Unterschied. Da ist mehr Frieden zwischen uns und deshalb auch mehr Liebe. Heißer Sex gefiel mir schon und gefällt mir auch immer noch. Aber wenn man oft heißen Sex hat, wird man so unruhig und ungelassen. Da kannst du besessen von werden: Ich will Sex, jetzt. Aber will mein Freund auch? Bei mir ist es jetzt so, wenn es dazu kommt, super, und wenn nicht oder wenn wir früher aufhören als geplant, dann ist es auch gut. Das ist echt eine Erleichterung …"

Safer Sex

Wenn man beim Sex nicht ejakuliert, ist es dann sicher, auch wenn man kein Kondom benutzt? **Nein**, ihr werdet trotzdem ein Kondom und/oder eine andere Verhütungsmethode anwenden müssen. Sex ohne Ejakulation ist keine Garantie, nicht schwanger zu werden oder sich nicht mit sexuell übertragbaren Krankheiten anzustecken, denn es tritt trotzdem ein wenig Samenflüssigkeit aus. Manchmal kann es auch passieren, dass man ganz unerwartet einen Orgasmus mit Ejakulation bekommt.

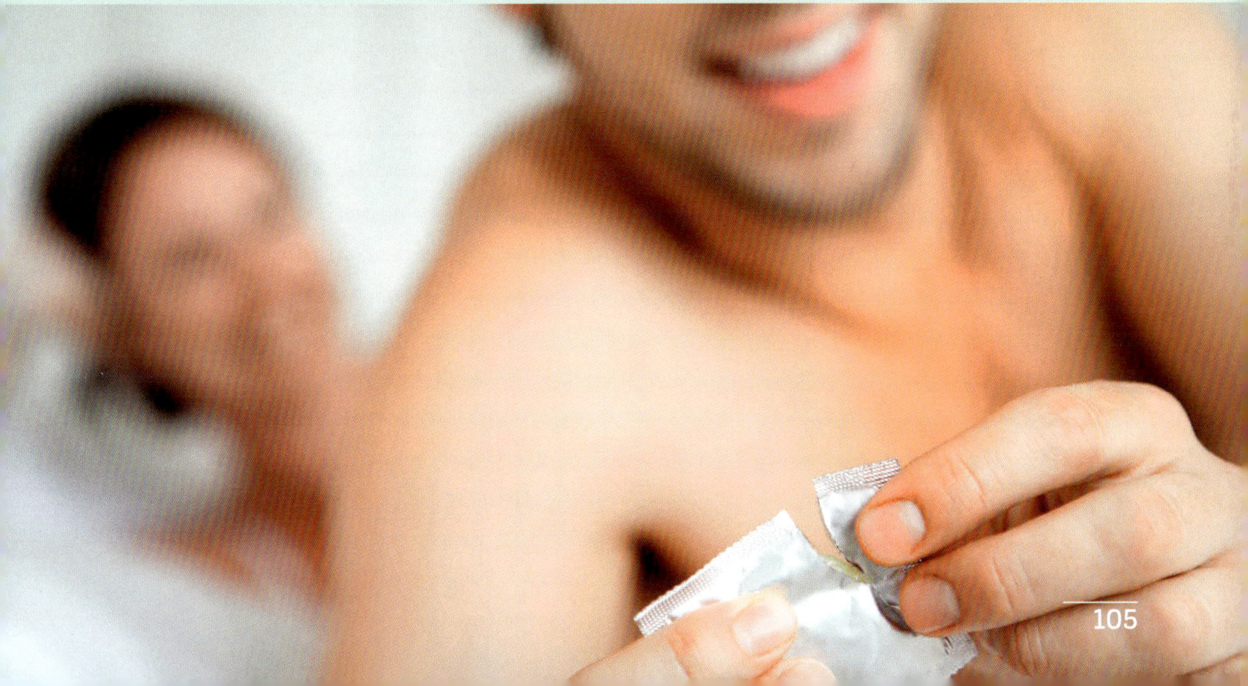

10 Tipps für Coolen Sex

1. Seht euch beim Sex immer mal wieder in die Augen. Also kein Sex im Dunkeln!

2. Atmet tief und langsam in euren Bauch und die Genitalien. Ihr werdet dann mehr spüren und eurer Erleben wird sich vertiefen.

3. Versucht immer wieder, den eigenen Körper zu spüren, und findet heraus, was ihr fühlt und wo ihr es fühlt.

4. Seid euch bewusst, was ihr tut, während ihr Sex habt. Es geht um das wie, nicht um das was. Versucht es mit Lippenküssen als Alternative zu Zungenküssen!

5. Erzählt dem anderen, wie ihr euch und was ihr fühlt. Sprecht über „Fakten", das hält euch im Hier und Jetzt (oder bringt euch zurück) und es sorgt auch dafür, dass ihr miteinander in Kontakt bleibt. Sex im Detail zu besprechen ist übrigens eine spannende Form der Kommunikation.

6. Berührt euch und den anderen ganz bewusst. Und achtet darauf, dass ihr mit der Berührung keinen Zweck verfolgt. Entdeckt, wie viele Arten von Kontakt es gibt, von sehr leichter Berührung bis hin zur kräftigen Massage. Lasst Berührung einfach geschehen und sich spontan entwickeln.

7. Entspannt euch. Scannt immer wieder euren Körper und entspannt die Stellen, die angespannt sind. Tiefes und ruhiges Atmen helfen dabei. Es ist auch gut, neben dem Sex auch andere Dinge zu tun, die euren Körper und Geist entspannen.

8. Lass die Bewegungen deines Beckens bewusst, sanft und langsam sein, statt hart und stoßend.

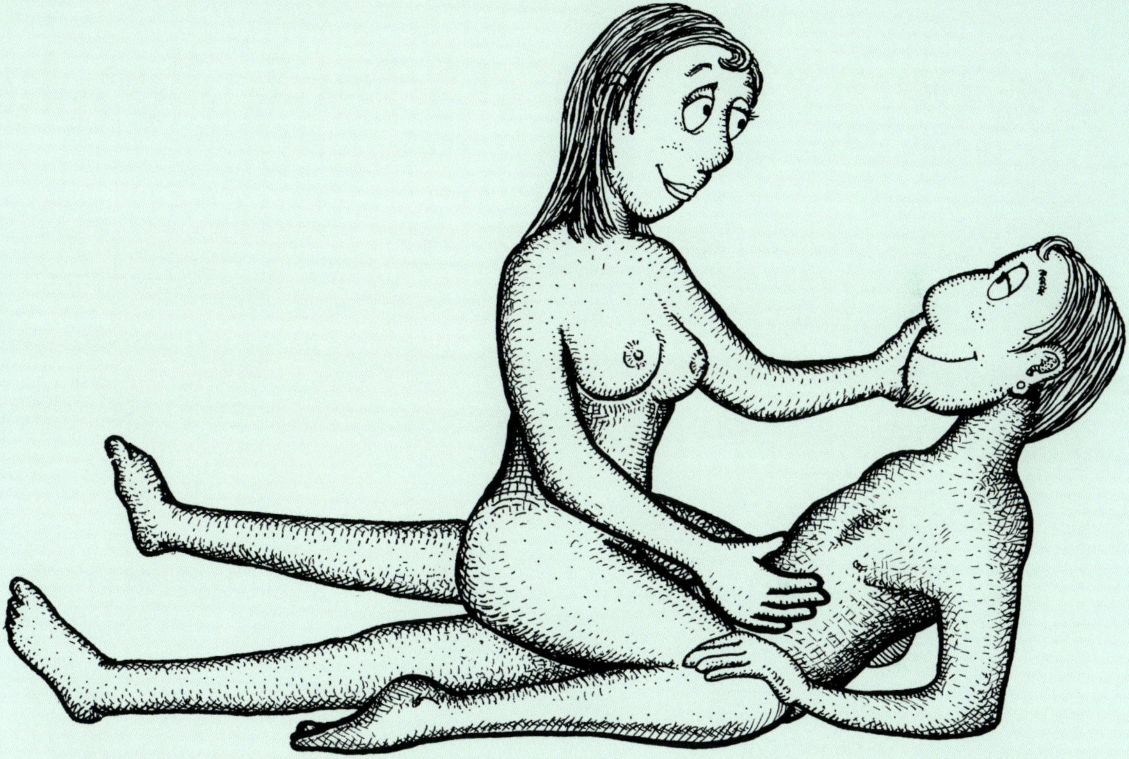

9. Beginnt den Sex ab und zu mit dem „sanften Einführen" (mit entspanntem Penis). Wenn eine Erektion da ist, dann geh langsam rein, Millimeter für Millimeter.

10. Wenn eine Erektion da ist, probiert die „tiefe Penetration" aber nur, wenn ihr sehr viel Vertrauen zueinander habt.

Auf einen Blick: Unterschiede zwischen

Heißer Sex	Cooler Sex
Stimulation und Anspannung bis zur Entladung	Entspannung und Ausdehnung
Braucht aufreizende Bilder und Fantasien	Auf den eigenen Körper ausgerichtet, hier und jetzt
Nicht [immer] viel Augenkontakt, Augen sind meist geschlossen	Augenkontakt, die Augen sind meist offen
Reibung und Stimulation	Wenig oder keine Reibung oder Stimulation
Penis und Vagina/Klitoris sind zentral	Wahrnehmung des ganzen Körpers ist zentral
Immer schnellere Atmung	Langsames, tiefes Atmen

heißem Sex und coolem Sex

Heißer Sex	Cooler Sex
Orgasmus ist das Ziel	Nicht auf den Orgasmus fokussiert
Viele und starke Bewegungen	Weniger oder kaum Bewegung
Braucht immer stärkere Reize um eine bestimmte Wirkung zu erzielen	Braucht immer weniger Reize, um eine bestimmte Wirkung zu erzielen
Du fühlst dich nach dem Sex eher allein	Du fühlst dich nach dem Sex stärker mit dem anderen verbunden
Gipfel-Orgasmus, der hauptsächlich in den Genitalien gespürt wird	Tal-Orgasmus, der im ganzen Körper gespürt wird
Auf das Tun ausgerichtet	Auf das Sein ausgerichtet
Ego	Herz

Kapitel 7

10 (Un-) Wahrheiten über Sex

Am Anfang dieses Buches (S. 12) haben wir zehn Aussagen über Sex, die ganz normal zu sein scheinen, wenn man sie aus dem Blickwinkel von heißem Sex betrachtet, aufgelistet. Hier nun dieselben Aussagen aus der Perspektive von coolem Sex.

1. Um Sex zu haben, braucht der Mann einen Ständer (Erektion).

Auch ohne eine Erektion kann ein Mädchen-Junge-Pärchen Sex haben, wenn du die Methode „der sanften Penetration“ nutzt. Es ist anders als mit einem erigierten Penis – und es kann sein, dass du am Anfang nicht ganz so viel spürst, wie gewohnt. Aber nach und nach entwickelst du eine neue, feinere Wahrnehmung. Das kann sowohl dem Jungen als auch dem Mädchen „orgasmische“ Erfahrungen bringen.

2. Die Klitoris ist für die weibliche Lust am wichtigsten.

Beim coolen Sex lenkst du die Aufmerksamkeit vor allem auf die Brüste und nicht so sehr auf die Klitoris. Wenn die Energie im Bereich der Brüste erst einmal fließt, wird sie natürlicherweise in Richtung Vagina strömen und sie öffnen. Obwohl die Klitoris ganz sicher eine Quelle der Lust ist, ist es die Vagina, die die Qualitäten hat, längere, intensivere und tiefergehende sexuelle Erfahrungen zu machen.

3. Wenn Sex gut sein soll, muss der Mann die Erektion lange halten.

Wie gesagt, ist es möglich, auch ohne eine Erektion Sex zu haben. Gibt es Phasen, in denen der Penis nicht erigiert ist, ist das kein Grund, keinen Sex zu haben.

4. Wenn der Sex in einer Beziehung langweilig wird, braucht es mehr Stimulation und Erregung.

Wenn ihr anfangt, coolen Sex zu haben, fühlt ihr euch zu Beginn unter Umständen frustriert, weil cooler Sex erst mal weniger mit Stimulation und heißer Erregung zu tun hat. Und trotzdem ist dies der Weg, der dich im Endeffekt mehr spüren lässt, dir mehr Genuss, Spaß und Liebe bringt. Dadurch, dass ihr wirklich miteinander in Kontakt seid, könnt ihr Neues bei eurem Partner und bei euch selbst entdecken, und das allein schon macht eine Beziehung spannend und interessant.

5. Eine enge Vagina und ein großer Penis sind die besten Voraussetzungen für maximalen Spaß beim Sex.

Beim coolen Sex ist Reibung (gemeint sind die „klassischen“ Rein-raus-Bewegungen) nicht wichtig. Auf die Enge der Vagina und die Größe des Penis kommt es also schon gar nicht an. Eine entspannte und offene Vagina kann zusammen mit einem Penis beliebiger Größe zu tiefen sexuellen Erlebnissen führen.

6. Beim Vorspiel geht es darum, die Erregung immer mehr zu steigern.

Beim coolen Sex gibt es keine klare Grenze zwischen Vorspiel und „dem Eigentlichen". Wenn es ein „Vorspiel“ gibt, ist es eigentlich mehr so, dass die Temperatur konstant bleibt, der Fokus liegt darauf, sich zu entspannen und sich mit dem eigenen Körper zu verbinden.

7. Wenn der Mann einen Orgasmus hat, ejakuliert er.

Ein Mann kann einen Orgasmus haben, ohne zu ejakulieren. Allerdings brauchen die meisten Männer dafür etwas Übung. Ein Vorteil, nicht zu ejakulieren, liegt darin, dass es nicht zu einem unnötigen Energieverlust kommt. Ein weiterer Vorteil ist, dass du Orgasmen haben kannst, die sich über den ganzen Körper ausdehnen. Du kannst länger Sex haben und es dir und deiner Freundin so länger gut gehen lassen. Wenn du Sex ohne Ejakulation noch nicht kennst, kannst du ausprobieren, ob du beim nächsten Mal deinen Orgasmus etwas hinauszögern kannst. Langsame Bewegungen helfen dabei, in der cooleren Zone von Sex zu bleiben.

8. Wenn Sex gut sein soll, muss man sich viel bewegen.

Beim coolen Sex sind kleine und feine Bewegungen in der Tiefe spürbar, vorausgesetzt, du bist neugierig auf diese Formen von Sex und nimmst dir Zeit, deine Sensitivität zu entwickeln. Es ist eher eine energetische Ebene, auf der wir uns hier bewegen, und um die zu spüren, braucht man einen guten Kontakt zum eigenen Körper. Es braucht keine heftigen und harten Bewegungen, um Lust und Spaß am Sex zu haben.

9. Wenn Sex gut sein soll, müssen beide einen Höhepunkt haben.

Einen Orgasmus zu haben, kann schön sein, aber wenn du sehr auf ihn fixiert bist, dann bist du eigentlich gar nicht wirklich da. Das heißt, du eilst dir selbst voraus. Außerdem bist du, wenn es in Richtung Höhepunkt geht, mehr mit dir beschäftigt und weniger in Verbindung mit deinem Partner. Es ist gut zu wissen, dass es verschiedene Arten von Orgasmen gibt und dass der bekannteste – der Gipfel-Orgasmus – nicht unbedingt der ist, der dich auf tieferer Ebene berührt.
Schau, was passiert, wenn du die Jagd nach einem Orgasmus aufgibst und stattdessen tief entspannt das genießt, was im Augenblick ist. Zu Beginn fühlt es sich vielleicht etwas „unvollständig" an, ohne Ejakulation. Aber je entspannter du bist, desto normaler wird es sich für dich anfühlen.

10. Um Sex zu haben, muss man erregt sein.

Wirklich, du musst nicht erregt oder geil sein, um coolen Sex zu haben. Du kannst dich mit deinem Partner verabreden, um die „sanfte Penetration" auszuprobieren. Wenn ihr auf diese Art und Weise zusammen seid, entstehen ganz von selbst und ganz natürlich fein prickelnde sexuelle Gefühle. Wenn die totale Unlust auftaucht, redet einfach darüber. Manchmal bleibt es dabei und manchmal ändert es sich auch: ein liebevolles Gefühl von Verbundenheit setzt wieder ein und ihr experimentiert einfach weiter.

Kapitel 8

Mehr über Porno. Der ultimative Kick für heißen Sex.

Man kann Pornos als ultimativen Kick für heißen Sex verstehen. Und so ist die Pornografie für viele junge Menschen sehr verlockend. Das ist nicht Neues, denn der menschliche Körper reagiert ganz natürlich auf sexuelle Bilder. Selbst wenn du die Bilder nicht magst, die du siehst, kann dein Körper sexuell erregt davon werden. Und durch das Internet ist Pornografie so viel leichter zugänglich geworden.

Unterschiedliche Pornografie

Es gibt natürlich verschiedene Arten von Pornografie, softer Porno, harter Porno. Und darin dann die verschiedensten Spielarten: hetero, schwul, lesbische, transsexuelle, GangBang, BDSM, mit jungen Menschen, alten Menschen, Dicken, und so weiter – es gibt nichts, was es nicht gibt. *(Wir halten es für wichtig, hier darauf hinzuweisen, dass Pornos mit Kindern und Minderjährigen unter 18 Jahren verboten sind und auch strafrechtlich verfolgt werden).*

Für und Wider

Pornos zu schauen kann Spaß machen und genussvolle Momente schaffen. Für Menschen die niemanden haben, um Sex miteinander zu teilen, kann es ein Weg sein, dieses Bedürfnis zu befriedigen. Und es kann eine Inspiration für dein Sexleben sein. Dennoch kann der regelmäßige Konsum von (harter) Pornografie unerwartete Konsequenzen haben.

Wir führen hier ein paar auf:

- Die Videos die frei und kostenfrei im Internet zu haben sind, fokussieren sich auf heißen Sex und sind auf den Höhepunkt des Mannes ausgerichtet, der sich dafür schwer anstrengt. Die Tatsache, dass man Spaß und Erregung auch mit wenig Bewegung im Sex haben kann (Slow Sex) gibt es in den Hard Core Pornofilmen nicht. Und so wird man bei regelmäßigem Konsum von Hard Core Pornos abstumpfen. Man verliert seine Sensibilität und braucht dann noch mehr Stimulation, härtere und schärfere Bilder, um überhaupt erregt zu werden.
- Porno ist natürlich ein dickes Geschäft. Ein einfacher Weg, um schnell an viel Geld zu kommen. Üblicherweise zwingt in diesem Geschäft die Armut Leute dazu, Dinge zu tun, die sie in ihrem normalen Leben nicht machen würden.
- Die Körper der professionellen Pornodarsteller sind keine Durchschnittskörper. Du weißt das eigentlich auch, aber je mehr Pornos du anschaust je mehr prägen diese dein Bild wie ein Mann oder eine Frau während dem Sex aussehen soll, oder was sie machen sollen beim Sex.

Mache dir klar, dass Hard Core Pornos Auswirkungen auf das Belohnungssystem in deinem Gehirn haben. Du schüttest mehr Dopamin aus und brauchst mit der Zeit immer mehr davon, weil dich nichts mehr zufrieden stellt. Für einen kurzen Moment hast du zwar das Gefühl, dass du befriedigt bist, da es aber langfristig keine tiefe Zufriedenheit in dir auslöst, brauchst du wieder neue Stimuli. Wenn du also viel Pornos schaust ist das wie bei einer Droge, du brauchst immer öfter einen Schuss, Tag für Tag.

Kann Porno etwas Heiliges sein?

Nachdem du jetzt soviel über die dunkle Seite von Pornos gelesen hast, erscheinen sie als schlecht und gefährlich. Aber wie überall im Leben gibt es nicht nur schwarz und weiß. Nackte Körper und sexuellen Begegnungen anzuschauen kann etwas Schönes sein. Es kann dich inspirieren, es kann zu einer Kunst werden und in alten Zeiten war es wirklich etwas Heiliges. Zum Beispiel wenn ihr euch die alten indischen Tempel in Kajuraho anschaut oder das Kamasutra lest.

Es geht also nicht darum was ihr tut, sondern wie ihr es tut. Sex kann als Fake ablaufen, respektlos und ohne jegliche innere Verbindung. Oder auch ganz prickelnd, ehrlich, liebevoll und bewusst.

Tipps

1. Wenn dich harter Porno nicht interessiert, dann schau ihn einfach nicht. Du brauchst keine Angst haben, etwas zu verpassen. Verbringe lieber deine Zeit mit realen Menschen im realen Leben und wenn du sexuelle Wünsche hast, dann nutze deine eigenen Fantasien.

2. Wenn du das starke Bedürfnis hast Pornos zu schauen, du aber darüber nicht so glücklich bist, dann denke daran, dass es unterschiedliche Arten der Pornografie gibt. Suche welche aus, die dir neben der Erregung auch das Gefühl von Liebe und Spass rüberbringen. Wenn du ganz damit aufhören willst, dann ist „kalter Entzug“ die beste Lösung.

3. Wenn du gern Pornos schaust, dann schaue bewusst. Überprüfe wie du dich beim zuschauen fühlst. Wenn du wirklich Freude und Lust spürst, dann erfreue dich daran. Wenn du unangenehme Gefühle registrierst (dich einsam dabei fühlst, es dich beschämt), dann lass diese Gefühle zu, versuche nicht sie zu wegzuschieben, spüre sie einfach, nimm ein paar tiefe Atemzüge und entspanne dich. Wenn die unangenehmen Gefühle die Oberhand behalten, dann versuch es mit anderen Bildern, Filmen oder mach etwas ganz anderes, das dich ablenkt.

4. Falle nicht darauf rein, alles was du siehst, zuhause mit deinem Partner nachmachen zu müssen. Im wirklichen Leben gibt es neben dem heißem Sex hoffentlich viele Küsse, viel kuscheln, Zärtlichkeiten, miteinander reden, lachen, ausruhen und ab und zu auch Tränen. Das ist eigentlich Intimität. Es ist gut darüber bescheid zu wissen, dass einige Menschen extreme Fantasien haben können. Aber die sollen auch einfach Fantasie bleiben, du musst sie nicht umsetzen.

5. Wenn du eine Beziehung hast und dennoch lieber Pornos schaust und lieber masturbierst als mit deiner Partnerin/ Partner Sex zu haben, dann musst du aufpassen. Denn das kann, wenn es länger anhält, deine Beziehung kaputt machen.

6. Es ist gut, wenn ihr am Anfang einer Beziehung nicht nur über Safe Sex redet, sondern auch über eure Pornovergangenheit. Hast du viel harte Pornos gesehen? Schaust du jetzt noch, seit wir uns kennen? Kennst du den Unterschied zwischen wirklichem Sex und Porno? Was hast du für Vorstellungen, wenn es um Sex und Intimität geht?

7. Hast du das Gefühl, dass du abhängig bist, weil Pornos dein Leben bestimmen? Dann brauchst du professionelle Hilfe. Die findest du im Internet oder bei einer Beratungsstelle für Suchtkrankheiten.

Kapitel 9

Cooler Sex: Ja oder Nein?

***Vielleicht findest du coolen Sex inzwischen spannend** und würdest ihn gern ausprobieren. Aber was tun, wenn du dich dafür begeistern kannst, aber dein Partner nicht? Und was tun, wenn du im Augenblick gar keinen Partner hast? Und ist cooler Sex nur etwas für Heterosexuelle? In diesem Kapitel wirst du einige Antworten auf diese und andere Fragen finden.*

Ja oder Nein?

Was kannst du tun, wenn du in einer Beziehung bist, in der ihr nicht beide das gleiche Interesse an coolem Sex habt? Zunächst sollte derjenige, der das gerne ausprobieren möchte, akzeptieren, dass ihr im Moment unterschiedliche Bedürfnisse habt. An irgendeinem Punkt möchtest du vielleicht darüber reden.

Dabei ist es aber wichtig, darauf zu achten, dass du dem anderen keine Vorwürfe machst. Wir empfehlen auf jeden Fall, dass du die Übungen in diesem Buch machst, die man alleine machen kann. Probiere sie aus. Wer weiß, vielleicht interessiert sich dein Partner nach einer Weile doch dafür, vor allem, wenn er eine positive Veränderung in dir bemerkt. Es kann auch sein, dass du dieses Buch liest, weil dein Partner dich darum gebeten hat,

aber du hast nicht das Gefühl, dass cooler Sex etwas für dich ist. Hab Verständnis für die Ideen und Wünsche deines Partners und vielleicht auch für dessen Enttäuschung darüber, dass du im Moment nichts Neues ausprobieren willst. Aber respektiere auch dein „Nein“ und gibt dem Raum. Nimm dein „Nein“ als Chance, mehr über dich herauszubekommen. Frage dich: „Warum will ich eigentlich nicht mal etwas anderes ausprobieren?"

Schau, wie du mit deinem Partner am besten darüber sprechen kannst. Aber vielleicht entscheidest du dich auch, erst mal gar nicht darüber zu sprechen und etwas mehr über das Thema nachzudenken.

Falsch oder richtig?

Eine Frage, die vielleicht in einer Diskussion zwischen euch aufkommt: Ist cooler Sex richtig und heißer Sex falsch? Wir sind der Meinung, dass es kein „richtig“ oder „falsch“ gibt, solange man etwas bewusst tut. Bist du achtsam und bewusst, verändert sich dein Tempo; du wirst in deinen Bewegungen etwas langsamer, denn es liegt ja mehr Aufmerksamkeit darauf. So können auch stärkere Bewegungen beim heißen Sex „bewusst“ sein – solange du nicht zu sehr auf den Orgasmus fokussierst bist und dich darin verlierst. Hast du einen Gipfel-Orgasmus, kann er sich durch die Entspannung, die du mit hineinbringst noch ein wenig verstärken. Wichtig ist, kein schlechtes Gewissen zu haben, wenn du vom coolen wieder zum heißen Sex übergehst. Genieße es einfach.

Cooler Sex und keine Beziehung?

Wenn du zurzeit keinen festen Partner hast, kannst du auf jeden Fall trotzdem mit coolem Sex experimentieren. Du kannst zurückkehren zu den Vorschlägen, die man auch allein machen kann (Kapitel 4 „Schmetterling“, Kapitel 5 „Die Ejakulation hinauszögern“ und in Kapitel 6 die Übung „Deine sexuelle Energie aktivieren“).

Cooler Sex ist nicht nur Sex für Menschen in einer festen Beziehung. Wenn dir danach ist, etwas mit jemandem auszuprobieren, mit dem du nicht fest zusammen bist, spielt das keine so große Rolle. Tu es einfach und schau, was passiert. Vielleicht war es nicht ganz so toll, aber vielleicht war es auch so gut, dass ihr euch fragt: „Sollen wir es vielleicht nochmal machen? Und nochmal und nochmal...?". Und so kann aus euren Experimenten langsam eine Beziehung wachsen.

„Als ich zuerst über coolen Sex gehört habe, fand ich, dass es sich echt langweilig anhörte. Sex für mich war etwas sehr Körperliches, sowas wie: „Los, wir bumsen!“. Manchmal war es fast aggressiv, obwohl ich auch Momente erlebt habe, in denen es eher liebevoller Sex war. Jetzt hat sich das verändert, seit ich mehr über coolen Sex weiß. Meine Freundin und ich machen weniger Liebe, die zielorientiert ist; es ist nicht so wichtig, einen Orgasmus zu haben, und zum ersten Mal hab ich das Gefühl von einer tiefen Verbindung und einem Verschmelzen mit ihr. Ich spüre den Energiefluss und ganz viel Nähe. Manchmal sind wir lange Zeit still und sehen uns einfach nur an. Während wir nichts tun, passiert in Wirklichkeit sehr viel. Jede aufmerksame Berührung, jeder Kuss und jede Liebkosung, die mit Liebe gegeben wird, kann echt zu einem Orgasmus führen. Manchmal sich nur anzugucken, sich zu küssen oder sich bei den Händen zu halten sind sehr tiefe und intime Begegnungen."

Schwul oder lesbisch?

Wir sehen das Liebemachen zwischen Mann und Frau als einen Weg, um Energie zirkulieren zu lassen. Das geschieht indem die Energie zwischen den entgegengesetzten Polen von Mann und Frau zusammenfließen.
Für homosexuelle Paare ergibt sich eine andere Situation mit den positiven und negativen Polen, aber es gibt natürlich trotzdem Möglichkeiten, coolen Sex zu erforschen. Zunächst einmal können die grundsätzlichen Prinzipien des coolen Sex ausprobiert werden: Entspannen; sich bewusst sein, was du denkst, tust und fühlst; in Verbindung miteinander sein; sich bewusst (und langsam) berühren; tiefes Atmen und im „Hier und Jetzt" sein.
Und: kein Ziel vor Augen haben. Mit allen diesen Aspekten können homosexuelle Paare genauso experimentieren wie andere. In Kapitel 6 könnt ihr mehr darüber lesen.
Weiter ist es gut, sich daran zu erinnern, dass es beim coolen Sex darum geht, die männlichen und weiblichen Energien, die in jedem von uns sind, zu verbinden. Heterosexuelle Paare können die Tatsache nutzen, dass ihre Pole entgegengesetzt sind, aber **am Ende geht es um die Beziehung, die jeder von uns mit sich selbst hat und**

um die innere Verbindung mit unserem jeweiligen Pol. Dies ist auch bei Schwulen und Lesben so.
Um damit zu experimentieren, kannst du deine Aufmerksamkeit auf deine Energie in dir lenken. Beginne, dich auf deinen positiven Pol zu konzentrieren. Nach einer Weile spürst du vielleicht ein leichtes, feines Strömen vom positiven Pol zum negativen. Wenn du mit deinem Partner zusammen bist, kannst du kreativ werden und schauen, welche anderen Wege ihr findet, um mit euren Polen in Kontakt zu kommen. Zusammen einige unserer Übungen zu praktizieren und euch währenddessen darüber auszutauschen, was ihr fühlt, kann ein guter Anfang sein.

Asexuell?

Ein geringer Anteil der Bevölkerung (etwa 1%) empfindet sich selbst weder als hetero-, homo- noch als bisexuell, sondern als asexuell. Asexuelle Menschen geben an, dass sie keine sexuellen Bedürfnisse haben, keinen Sex haben wollen oder brauchen. Sie können aber verliebt sein und haben ein Bedürfnis nach Intimität und Liebe. Obwohl cooler Sex für manche asexuelle Menschen ebenso uninteressant scheint wie heißer Sex, kann es für andere eine akzeptable und möglicherweise sogar angenehme Art sein, sich sexuell zu begegnen. Besonders für Paare, bei denen einer der Partner asexuell ist, kann diese Form von Sex ein guter Kompromiss oder ein Weg sein, der sich zu erforschen lohnt.

Transgender und transsexuell

Einige Menschen identifizieren sich nicht mit dem Körper mit dem Sie geboren wurden und entscheiden sich für eine Geschlechtsveränderung. Wenn das durch einen chirurgischen Eingriff geschieht, werden sie transsexuell genannt. Für Transgender und Transsexuelle kann das Polaritätsthema spannend sein. Was passiert mit deinem Plus-Pol und deinem Minus-Pol, wenn du dich vom Mann zur Frau oder von der Frau zum Mann verwandelst?

Egal welches Geschlecht du hast, bist oder sein willst: Entspannung, Achtsamkeit, nachspüren, was man macht und spürt, ... können neue Türen im sexuellen Erleben öffnen.

Und noch was ...

Wie wir zu Beginn dieses Buches gesagt haben: Cooler Sex ist eine Entdeckungsreise. Du magst Spannendes erleben, aber es kann auch Zeiten geben, in denen nichts Spektakuläres passiert. Wenn du dich auf diesen Weg machst, denk daran, dass es einige Zeit dauern kann, bis du die feinen Energien, die beim coolem Sex entstehen, in deinem ganzen Körper fühlen kannst. Wenn du viel heißen Sex hattest, wird dein Körper sich zuerst einmal von Anspannung und Erregung entwöhnen müssen, bevor du die Leichtigkeit und Entspannung genießen kannst. Und je entspannter du bist, je mehr wirst du spüren ...

Kapitel 10

Cooler Sex und eine entspannte Beziehung

Obwohl Sex ja nicht nur in Partnerschaften stattfindet, geht es in diesem Kapitel um Liebe und Beziehungen – denn die meisten Menschen möchten früher oder später in einer verbindlichen und liebevollen Beziehung leben. Meist merkt man nach einer Weile, dass eine solche Partnerschaft nicht immer so leicht zu realisieren ist und es stellt sich die Frage, wie man die Liebe und den Sex in einer längeren Beziehung interessant halten kann.

Sich verlieben

Normalerweise entstehen Beziehungen dadurch, dass man sich verliebt. Du verliebst dich, du verabredest dich und in der ersten gemeinsamen Zeit hast du einfach nur Schmetterlinge im Bauch. Sex ist neu, spannend und aufregend, genau wie dein Partner immer noch neu für dich ist. Deshalb reicht es oft, einfach nur zusammenzusein und man ist glücklich. Aber nach einer Weile stellt sich die Frage: Wie bleibt unsere Liebe frisch, fröhlich und lebendig; wie bleibt der Sex spannend und interessant?

Wenn eure Beziehung sich eher aus einer Freundschaft entwickelt hat, nicht so sehr aus einer starken sexuellen Anziehung, dann ist die Chance größer, dass sich eure Partnerschaft positiv entwickelt, weil der Beginn nicht schon gleich der Höhepunkt war. *Aber die Frage bleibt trotzdem: Wie bleibt die Liebe auf Dauer ein schönes und spannendes Abenteuer?*

Emotionen

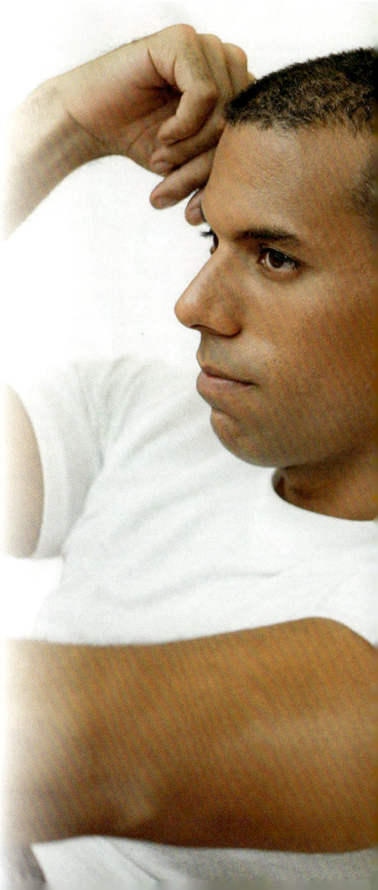

Eine ganz wichtige Rolle in einer Beziehung spielen Gefühle und Emotionen. Kommen dir die folgenden Beispiele bekannt vor? Kennst du das?

- Er ruft nicht an und du flippst aus, weil du auf ihn wartest.
- Sie beschwert sich, wenn du mit deinen Freunden abhängst.
- Er nervt dich, weil seine Sachen überall in deinem Zimmer rumliegen.
- Du bist eifersüchtig, weil sie mit einem anderen Jungen spricht und es wie eine gute Unterhaltung aussieht.
- Du willst Sex und dein Partner nicht.
- Du willst reden, und der andere nicht.

Und so geht es endlos weiter...

Es über lange Zeit in einer Partnerschaft gut miteinander zu haben ist nicht immer so einfach. Intime und nahe Beziehungen können dich mit deinen tiefer liegenden Gefühlen in Kontakt bringen: Wut, Gereiztheit, Traurigkeit und Angst zum Beispiel. Das kann sich dann manchmal so anfühlen, als ständen sie deiner Beziehung im Weg.
Deswegen ist es eine große Herausforderung herauszufinden, wie man mit „schwierigen" Emotionen umgeht. Wie gehst du mit Wut und Angst um, und wie kann etwas Schweres, das zwischen euch steht, sich wieder in Liebe verwandeln, so dass ihr euch von neuem miteinander verbunden fühlt?
Es kann so leicht passieren, dass sich Kleinigkeiten anstauen und zu großen Emotionen werden. Und an einem bestimmten Punkt fühlt es sich an, als würdet ihr mehr gegeneinander sein als miteinander.
Emotionen sind alte, unterdrückte Gefühle und sie können fast die gleiche Wirkung wie Gift haben. Die Frage ist, wie wir mit diesem Gift umgehen können, damit unsere Beziehung nicht daran kaputtgeht.

Unterdrückte Gefühle

Wenn du genervt, gereizt, traurig, ängstlich oder wütend bist, schiebst du das oft auf deinen Partner. Du denkst, dass du dich so fühlst, weil er sich auf die eine oder andere Art verhalten hat. Das stimmt jedoch nicht wirklich.
Was du fühlst, sind zum großen Teil alte Gefühle, die zurückgedrängt wurden, meist aus der Kindheit. Das bedeutet, dass dein Gegenüber nicht der einzige Grund für die Heftigkeit ist, die du dann gerade fühlst. *Was der andere gesagt oder getan hat, ist in den meisten Fällen nur ein Auslöser, der diese alten, weggeschobenen Gefühle wieder an die Oberfläche bringt.* Um eine glückliche und liebevolle Beziehung zu führen, ist es deshalb wichtig, mit den eigenen Gefühlen in Kontakt zu sein und dafür die Verantwortung zu übernehmen.

Ich bin emotional!

Man kann seine Emotionen unterdrücken, und viele sind darin unschlagbar. Aber manchmal staut sich doch zu viel auf, besonders in einer Beziehung, in der man es sich schon gut eingerichtet hat. Dann willst du plötzlich alles auf den Tisch legen, große Diskussionen führen und deinem Partner die ganze Wahrheit sagen! Aber das Gift der Emotionen zu versprühen bringt rein gar nichts. Besonders wenn der andere genauso emotional reagiert, und ihr euch in endlosen Streitereien und Auseinandersetzungen wiederfindet.

Dann ist es wichtig, damit aufzuhören und sich klarzumachen, was eigentlich los ist! Um das zu tun, musst du als Erstes erkennen, dass du selbst emotional bist und das auch dem anderen sagen: „Ich bin emotional!"
Das ist kein einfacher Schritt, denn wenn du mitten in diesem heillosen Durcheinander von alten Gefühlen steckst, kannst du das oft nicht mehr klar erkennen und willst vielleicht einfach nur noch deinen Willen durchsetzen!

Dampf ablassen

Die gute Nachricht ist: sobald du merkst, dass du emotional bist, kannst du etwas dagegen tun. Sag deinem Partner, du bist emotional und brauchst eine Pause, um für dich zu sein – du kommst aber später wieder zurück. Dann geh raus und bewege dich: Geh joggen, spiel Fußball; du kannst Seilspringen, auf einen Boxsack schlagen, ins Studio trainieren gehen oder was auch immer. Bring dich dabei jedoch nicht körperlich in Gefahr und lasse deinen Ärger nicht an anderen aus.
Lass Dampf ab, indem du dich körperlich auspowerst und tu das so bewusst, wie möglich, anstatt es nur mechanisch abzuspulen. Konzentrier dich dabei auf deinen Körper. Jedes Mal, wenn du merkst, dass du über die Situation nachdenkst, die der Auslöser war, lenke deine Aufmerksamkeit in deinen Körper und bewege ihn.
Auch wenn es sich so anfühlt, als wäre es viel verlangt, weil du einfach nur den Wunsch hast, Rache zu nehmen oder eben doch noch das nächste Argument anbringen willst – beweg dich. *Wenn du dich nach einer Weile ausgetobt hast, spür nach, ob du dich schon ein bisschen „neutraler" fühlst und bereit bist, zum anderen zurückzukehren.*

Manchmal ist die Wirkung unglaublich: du siehst deinen Partner wieder ganz neu und mit anderen Augen, und euer Gespräch wird in eine andere Richtung gehen. Aber es kann auch sein, dass du merkst, dass es noch nicht genug war und dass du immer noch emotional bist (wenn auch weniger). Dann musst du einfach noch ein bisschen weiter den Dampf ablassen.

Emotionen fühlen

Es gibt noch eine zweite Möglichkeit, wie du mit dem Wirrwarr von alten Gefühlen umgehen kannst: setze dich still und ruhig hin und fühle, was du fühlst. Teile auch hier deinem Partner mit, dass du Zeit für dich allein brauchst, dich eine Weile zurückziehst und dass du später wieder zurückkommen wirst – dein Partner weiß dann, was los ist und wird sich nicht von dir verlassen fühlen.

Dann setz dich in einen anderen Raum und spüre nach, was du in deinem Körper wahrnimmst. Es ist eine Kunst, nicht vor den Emotionen wegzulaufen oder dagegen anzukämpfen, sondern sie wirklich ganz und gar zu fühlen. Das gelingt oft nicht gleich beim ersten Mal. Meist brauchst du etwas Zeit, um die Situation noch einmal zu durchdenken. Wie wahr die ganzen Gefühle auch erscheinen mögen, deine negativen Gedanken werden dir hier nicht weiterhelfen...

Mach dir bewusst, was du in deinem Körper wahrnimmst. **Emotionen sind alte Erfahrungen, die du als Spannung und auch als Schmerz spüren kannst, zum Beispiel im Bauch, im Magen oder im Herzen.** Nimm in Kauf, dass vielleicht immer noch viele Gedanken über die Situation in deinem Kopf kreisen, aber versuche irgendwann, nur zu spüren, was du spürst, und gib den Geschichten, die in deinem Kopf toben nicht allzu viel Bedeutung.

Wenn dir das gelingt, werden die Emotionen, die sich scheußlich und unangenehm anfühlen können, schließlich nachlassen. Sie können sich sogar ganz auflösen oder in ein positives Gefühl verwandeln.

Dann wirst du dich offener und leichter fühlen und kannst auch wieder auf den anderen zugehen. Wenn die Emotion dann nicht länger ein störendes Element zwischen euch ist, kommst du wieder in einen positiven Kontakt mit deinem Partner. Zum Beispiel könntest du dann sagen, wonach dir gerade ist und was du dir wünschst, statt deinem Partner für alles die Schuld zu geben.

Nein, du bist emotional!

Natürlich kann es auch vorkommen, dass nicht du, sondern dein Partner emotional ist. In diesem Fall sage aber bitte NIEMALS zu ihm: „Ich glaube, du bist emotional!"
Es hilft auf jeden Fall, wenn dein Partner den obigen Abschnitt gelesen hat und weiß, wie er mit der Situation umgehen kann.
Wenn das aber nicht so ist, dann gilt es für dich zu sehen, was bei dir als Reaktion hochkommt. Fängst du auch an, wütend zu werden? Dann weißt du ja, was du tun kannst. Wenn du nicht wütend wirst, oder anders reagierst, versuche einfach, für den anderen da zu sein. Bleib in Kontakt und geh nicht auf die Ebene der Argumente und Anklagen. Sei dir bewusst, dass der andere im tiefsten Innern in Wirklichkeit einfach geliebt werden will.
Wenn nichts von dem funktioniert, dann schlag vor, dass ihr, jeder für sich, etwas Zeit allein verbringt. Vielleicht könnt ihr einfach später die Situation entspannter angehen. Nicht alles muss mit Worten gelöst werden. Weil viele Emotionen in Wirklichkeit alte unterdrückte Gefühle sind, haben sie wenig mit der aktuellen Situation zu tun. Das ist oft nicht so leicht zu erkennen, weil unser Ego meist anderer Meinung ist.

Zum Thema ‚Gefühle und Emotionen' empfehlen wir das Buch: „Zeit für Gefühle" von Diana & Michael Richardson

Gegensätze ziehen sich an ...

In einer Beziehung sind es häufig die Unterschiede, die den anderen anziehend für einen machen. Einer der Partner ist sehr ordentlich und der andere unordentlich. Einer ist gern in Gesellschaft, der andere mag es lieber, allein zu sein. Der eine ist redselig und erzählt jedem alles, und der andere ist eher zurückhaltend und schweigsamer.

Wenn du frisch verliebt bist, fühlst du dich häufig von der gegensätzlichen Qualität angezogen. „Er ist so herrlich ordentlich!" und „Sie ist so freundlich zu anderen, das ist total klasse!" Aber oft wird aus der Eigenschaft, die euch zuerst angezogen hat, nach einer Zeit des Zusammenseins euer größtes Problem. „Es macht mich wahnsinnig, dass er ständig aufräumt!" und „Ich kann es nicht mehr aushalten, dass sie ständig Leute einlädt und immer Partys feiern will!"

Nicht umsonst bist du mit jemandem zusammen, der andere Qualitäten hat als du. Dein Partner hat etwas, das dich bereichert. Und damit du es auch als Bereicherung erleben kannst, ist es hilfreich, wenn du die Unterschiede zwischen euch erkennst und akzeptierst. So lernst auch du ein Stück, die Qualität zu entwickeln, die dein Partner hat, wenn auch auf deine ganz eigene und persönliche Art.

Wenn du zum Beispiel gern allein bist und dein Liebster oder deine Liebste aber gern jedes Wochenende mit Freunden ausgeht, dann kannst du vielleicht lernen, auch etwas mehr in Kontakt mit Menschen zu gehen. Achte darauf, dass du deinen Partner nicht kopierst. Du musst dich ja nicht gleich mit einer Horde von Menschen treffen, sondern kannst dich vielleicht mit einer oder zwei Personen verabreden, die du wirklich magst.

Ja oder Nein?

Was tust du, wenn Wut, Gereiztheit oder Ärger in deiner Beziehung überhand nehmen? Hast du dann Sex? Heißen Sex, um dich abzureagieren? Das kann zwar kurz eine gewisse Erleichterung bringen, verstärkt aber gleichzeitig auch das Gefühl des Alleinseins und den Frust, der sowieso schon da war.
Es ist vielleicht nicht ganz so einfach mitzubekommen, was du fühlst und es dann auch noch deinem Partner zu sagen, statt einfach die Augen zuzumachen und schnellen, heißen Sex miteinander zu haben. Aber den Sex cool zu halten kann dir mit Sicherheit viel mehr helfen, wieder liebevolle Gefühle zu deinem Partner (und zu dir selbst) aufzubauen und aus dem Karussell der Emotionen auszusteigen. Mit coolem Sex kannst du also einen ganz großen Schritt weitergehen und lernen, anders mit solchen Problemen umzugehen.

Lust oder keine Lust?

Wenn Partner in einer Beziehung unterschiedlich häufig sexuelle Lust haben, kann das zu einem Problem werden. Führt das bei euch regelmäßig zu Konflikten, nutzt die Gelegenheit und schaut das etwas genauer an. Denn wenn das Thema nicht wirklich angesprochen wird, können sich hier Emotionen aufstauen.

Bist du derjenige, der häufiger Sex möchte, dann forsche ein bisschen.

- Benutzt du Sex vielleicht als Ventil für Spannungen?
- Willst du häufig Sex wegen des guten Körpergefühls?
- Suchst du nach Intimität, einer Umarmung, einer Berührung?
- Bist du so verliebt in den anderen, dass du das Gefühl hast, mit ihm verschmelzen zu wollen?
- Und wie ist deine Beziehung ansonsten?
- Ist Sex etwas, dass bei euch aufs Bett beschränkt ist oder berührst du deinen Partner auch außerhalb des Schlafzimmers? Finde heraus, ob du Verlangen empfinden kannst, ohne dass du sofort etwas damit machen musst.

Fühl dich in deinen Partner hinein.

- Weißt du, was dein Partner empfindet?
- Weißt du, warum dein Partner mehr oder weniger Lust auf Sex hat?
- Weißt du, wie er oder sie Sex erlebt?
- Weißt du, wonach sich dein Partner beim Sex wirklich sehnt?

Bist du derjenige, der weniger Lust auf Sex in der Beziehung hat, dann schau dir dein Desinteresse genauer an.

- Was magst du nicht?
- Was steht dem im Wege und hält dich davon ab, eine sexuelle Verbindung mit deinem Partner zu haben?
- Was hättest du gern?
- Kann es sein, dass hinter deiner Abneigung gegen Sex Wut oder Traurigkeit sitzt, weil du irgendwann etwas Unangenehmes erlebt hast?

Ein gesunder Körper sehnt sich normalerweise nach Berührung und körperlicher Intimität. Emotionen und Gedanken können dieses natürliche Verlangen blockieren. Vielleicht will einer von euch keinen heißen Sex. Wenn du generell keine Lust auf Sex hast und ihr coolen Sex ausprobiert, dann entdeckst du vielleicht, dass deine Abneigung gegen Sex weniger wird, wenn ihr „cool" bleibt.

„Früher hatten wir echt Probleme, ob wir Sex haben sollten oder nicht. Sie wollte viel seltener als ich. Aber jetzt, mit coolem Sex, ist das nicht mehr so. Wir haben die sanfte Penetration ausprobiert, und seitdem passieren die interessantesten und überraschendsten Dinge. Ich bin jetzt weniger auf heißen Sex aus und wir sind viel liebevoller miteinander."

Übung: König/Königin und Diener-Spiel

Im Sex kannst du dich (unbewusst) danach sehnen, dass der andere weiß, was du dir wünschst und dir deine Wünsche erfüllt, obwohl du sie selbst kaum kennst. Das kann zu Enttäuschungen führen. Wenn du selbst nicht weißt, was du magst, kannst du nicht erwarten, dass der andere es weiß. Und auf der anderen Seite hast du vielleicht Angst, dass der andere bestimmte Wünsche von dir nicht mögen wird, also gehst du nicht das Risiko ein, sie zu sagen.

Beim König/Königin und Diener-Spiel könnt ihr eure Wünsche kennenlernen und Spaß dabei haben.

Das Spiel geht so: Einer von euch ist für eine bestimmte Zeit König oder Königin (zum Beispiel zwei Stunden). Er oder sie bekommt die Chance, dem anderen (dem Dienenden) alle seine Bedürfnisse und Wünsche zu erzählen.

Der Dienende versucht, die Wünsche zu erfüllen. *Die Wünsche müssen so fair wie möglich sein.* Ein echter König oder eine echte Königin würde nicht wollen, dass ein Dienender etwas tun muss, das über dessen Grenzen geht. *Ein Dienender darf nicht Nein zu etwas sagen, aber kann etwas als Alternative finden, was den Rahmen der eigenen Grenzen respektiert.* Er versucht einen Weg zu finden, den Wunsch zu erfüllen, ohne dabei über seine Grenzen zu gehen.

Nach der vereinbarten Zeit tauscht ihr die Rollen und der andere bekommt ebenso lange Zeit, um König oder Königin zu sein. Erlaube dir, kreativ mit deinem Wunsch zu sein. Vielleicht möchtest du, dass du lange gebadet wirst oder ihr zusammen duscht und du dabei liebkost wirst. Du kannst dich auch sanft am ganzen Körper streicheln lassen oder du möchtest mit einem schön duftenden Öl massiert werden.

Diese Übung bietet sich auch an, wenn du deinen Partner dazu verführen willst, eine coolere Art von Sex mit dir auszuprobieren, wenn das normalerweise nicht zu seinen Vorlieben gehört.

Keiner hat Lust?

Besonders wenn ihr längere Zeit zusammen seid und es andere Dinge gibt, die eure Aufmerksamkeit erfordern, kann es passieren, dass ihr für eine Weile nicht so viel Sex habt. Wenn ihr beide eine zeitlang wenig oder kein Verlangen habt, ist das kein Anlass zur Beunruhigung. Bei manchen Paaren gibt es statt Sex Intimität in Form von Umarmungen, Streicheln, Massagen. Bei anderen Paaren droht das aber auch zu verschwinden. Wenn das bei euch der Fall ist, könnte cooler Sex mit dem „sanften Einführen" eine Möglichkeit sein, das zu ändern. Es wird euch helfen, verbunden miteinander zu bleiben und eure Liebe zu stärken.

Auseinandergehen oder Zusammenbleiben?

In fast jeder Beziehung gibt es Zeiten, in denen man Zweifel hat: Sollen wir zusammenbleiben oder nicht? Einige trennen sich, andere bleiben zusammen. Es gibt da kein Patentrezept, wie man mit Zweifeln umgehen sollte, denn jede Situation und jede Beziehung ist anders. Wenn ihr eine schwierige Phase durchmacht, ist die Frage, wie ihr damit umgeht.

- Streitet ihr euch die ganze Zeit und habt Auseinandersetzungen?
- Macht ihr sofort Schluss?
- Gebt ihr die ganze Schuld dem anderen?
- Gehst du in Suchtverhalten (zuviel Alkohol, zu viel Marihuana), um den Schwierigkeiten aus dem Weg zu gehen?

Der erste Schritt ist, dir darüber klarzuwerden, dass ihr eine schwierige Zeit durchmacht, und das zu akzeptieren. Vielleicht fühlt es sich langweilig, schwierig, düster, spröde oder sogar hoffnungslos an. Versuche, deinen Fokus auf deine Gefühle zu richten, die in dieser Situation auftauchen. *Manchmal ist es einfach gut, eine Pause einzulegen und sich gegenseitig Raum zu geben, so dass jeder Zeit und Ruhe hat, sich mit dem Ganzen auseinanderzusetzen.*

Was sich aus einer kurzen Beziehungspause ergeben kann, ist, dass ihr euch mit dem Gefühl wieder trefft, wirklich mit dem anderen zusammen sein zu wollen. Ihr spürt, dass immer noch genug Liebe da ist, um mit dieser schwierigen Phase umzugehen. Es kann sogar sein, dass ihr nach einer problematischen Zeit eine Art Erneuerung erlebt und deutlicher spürt, wie sehr ihr den anderen liebt.

Aber natürlich ist auch das Gegenteil möglich und ihr seid euch sicher, dass ihr die Beziehung beenden wollt. Vielleicht wollt ihr es beide oder es ist der Wunsch eines einzelnen. Wie auch immer, es erfordert richtig Mut, eine solche Entscheidung zu treffen und Stärke, sie auch umzusetzen. Hier ist es gut, wenn man sich dann auch eine Weile nicht sieht. Das wird euch – wie schwierig es auch sein mag – darin unterstützen, einander wirklich gehen zu lassen.

Es ist hilfreich, sich nach einem Beziehungs-Aus genügend Zeit zu nehmen, um wirklich zu verstehen, was du dazu beigetragen hast, dass die Beziehung zu Ende gegangen ist. Denn es ist wichtig für dich zu wissen, wie du in Zukunft mit bestimmten Verhaltensweisen umgehen willst. So kannst du verhindern, dass in der nächsten Beziehung die gleichen Themen wieder auftauchen und Probleme machen.

Zum Schluss ...

Eine Beziehung, die entspannt und liebevoll ist und dein Herz erfüllt, entsteht dadurch, dass ihr jede Menge miteinander ausprobiert – man lernt durch Versuch und Irrtum. Gib dir Zeit und Raum, um zu experimentieren und sei achtsam und liebevoll mit dir und mit deinem Partner. Wenn du willst, kann deine Beziehung ein wunderbarer Ort der Liebe sein, in dem ihr beide miteinander wachsen und euch entwickeln könnt. ***Und nicht vergessen:* *Der erste Schritt in Sachen Liebe ist immer der, sich selbst zu lieben.***

Danke!

Ela Buchwald für ihr engagiertes Lektorat, in das ihre langjährige, persönliche Erfahrung mit der Arbeit von Diana und Michael Richardson einfloss. *Jan den Boer* für die Zitate von Jugendlichen und seinen Beitrag zu manchen Texten im Buch. *Enrique Dura* für die spontane Bereitschaft, das Buch mit seinen Illustrationen zu bereichern.

Über die Autorinnen

DIANA RICHARDSON, Sexualtherapeutin und Bestseller-Autorin ist gebürtige Südafrikanerin und machte ihren Abschluss in Jura, bevor sie sich ganz der Erforschung der Sexualität und Meditation widmete.
In ihre Arbeit fließt das Wissen der uralten indischen und chinesischen Philosophien ebenso ein, wie moderne sexualwissenschaftliche Erkenntnisse. Die Essenz ihrer Lehre liegt in den einfachen und wirkungsvollen Schlüsseln der Liebe, die zeigen, wie Sex zum heilenden und kraftspendenden Instrument der Liebe wird. **www.love4couples.com**

WENDY DOELEMAN ist Autorin, Dozentin und Vortragsreisende in Sachen Sex. Seit ihrer ersten „love affair" hatte sie das Gefühl, dass mehr dran sein muss am Sex, als das, was als normal galt. Sie machte sich auf den Weg in viele Tantra Trainings und so prägte der tantrische Ansatz ihr Leben. Mit diesem Buch will sie jungen Leuten diese Form des coolen Sex näher bringen, den sie bei Diana Richardson lernte. Wendy bietet in Holland Tantra Trainings und Kurse für junge Menschen an. **www.blissyourbody.nl**

Bücher

Diana Richardson
Zeit für Liebe
Sex, Intimität + Extase in Beziehungen

280 Seiten · Broschur
ISBN 978-3-942502-22-1

Die Reise in ein neues Verständnis von Sex beginnt, wenn wir zu unseren innewohnenden männlichen und weiblichen Polaritäten Kontakt aufnehmen und sie wiedererwecken, sagt Diana Richardson. Dann entwickelt sich eine Anziehungskraft zwischen Mann und Frau, eine organische magnetische Intelligenz zwischen Penis und Vagina, die mit der Zeit stärker wird. So müssen wir uns immer weniger anstrengen, um Liebe zu ‚machen'– der Körper tut es von selbst.

Diana & Michael Richardson
Zeit für Gefühle
Die Krux mit den Emotionen in der Partnerschaft

160 Seiten · Broschur
ISBN 978-3-936360-20-2

Im normalen Sprachgebrauch werden Emotionen und Gefühle als austauschbar behandelt, so als würde ‚Emotion' dasselbe bedeuten, wie ‚Gefühl'. Tatsächlich sind es diametral entgegengesetzte Erfahrungen. Wenn wir unsere emotionale Seite kennen und uns ein konstruktiver Weg zur Verfügung steht, mit ihr umzugehen – wie er in diesem Buch vorgestellt wird –, dann fangen wir an, Lebensformen zu erschaffen, in denen die Unterströmung der Liebe stets gegenwärtig ist.

www.innenwelt-verlag.de

Bücher

Diana & Michael Richardson
Zeit für Männlichkeit
Mehr Kompetenz in Sachen Sex und Liebe

220 Seiten · Broschur
ISBN 978-3-936360-40-0

In diesem Buch wird erforscht, warum Ejakulation und Orgasmus nicht dasselbe sind, wie man vorzeitige Ejakulation, Erektionsprobleme oder Impotenz überwindet. Und schließlich, wie man den Liebesakt ausdehnen und wirkliche Ekstase erleben kann.

Diana Richardson
Zeit für Weiblichkeit
Der tantrische Orgasmus der Frau

272 Seiten · Broschur
ISBN 978-3-936360-12-7

Wenn die Frau bei der sexuellen Vereinigung ganz in ihre weibliche Seite hineingeht, sind sexuelle Erfüllung und Liebe die natürliche Folge. Der Weg dahin geht über Entspannung – einer ureigenen weiblichen Qualität.